Staaten und Nationale Gemeinschaften

Eine Lösung des europäischen Minderheiten-Problems

von

Kurt Trampler

Eingeleitet von Geheimrat Professor Dr. van Calker und Professor Dr. Haushofer

Mit 3 Kartenskizzen

Verlag von R. Oldenbourg, München-Berlin 1929

Druck von R. Oldenbourg, München.

Zum Geleit.

Von Geheimrat Prof. Dr. Fritz van Calker, Universität München.

Das vorliegende Buch Kurt Tramplers ist ein erfreulicher Versuch, der im Kreuzungspunkt einer Reihe von völker-, staats- und verwaltungsrechtlichen, außen- und innenpolitischen, geschichtlichen, ethnographischen und geographischen Problemstellungen befindlichen Minderheitenfrage in eigengedanklichen Ausführungen gerecht zu werden. In der stets anwachsenden Literatur über die Regelung der Minderheitenfragen ist bis jetzt noch nie der von Trampler unternommene Versuch gemacht worden, eine letzte Abstraktion der hereinspielenden politischen Gegebenheiten durchzuführen, etwa in der Art eines für alle solchen Fragen gleichermaßen gültigen „Allgemeinen Teils" zu dem internationalen Nationalitätenrecht. Ausgehend und fußend auf der von mir in meiner „Einführung in die Politik" gegebenen allgemeingültigen Formel über das Verhältnis von Recht und Politik, dahin, daß Politik eine Funktion des Rechts, daß alle politische Gestaltung Rechtsgestaltung, jede politische Idee Rechtsidee ist, untersucht Trampler in eingehender Weise Geschichte, tatsächlichen Stand und Entwicklungsmöglichkeiten des inernationalen Minderheitenrechts, ohne sich dabei durch politische Einzelfragen in seinem Gesamturteil beeinflussen zu lassen.

Besonders fruchtbar ist hierbei seine Auseinandersetzung mit der Praxis des Völkerbundes in Minderheitenfragen. Die Unhaltbarkeit dieser jede wirkliche, dauerhafte und beiderseitig befriedigende Regelung des Minderheitenproblems geradezu ausschaltenden Methode ist überzeugend nachgewiesen. Tramper sieht mit Recht den entscheidenden Gesichtspunkt einer realpolitisch tragbaren Lösung der Minoritätenfrage in der Kulturautonomie, nicht in einem karitativrechtlichen Schutz, sondern nur in der Erhaltung der Minderheiten als selbständige Kulturträger kraft eigenen Rechts. Interessant ist hierzu seine Darstellung der Lage in Estland. Tatsächlich ergibt sich hier eine praktische Lösung der Minderheitenfrage, die gleichermaßen für das Mehrheitsvolk und für die nationalen Minderheiten von großem Vorteil ist. Die Sicherung von Minderheiten, die mit Kulturautonomie ausgestattet sind, führt zu einer Entspannung der inneren Lage, die den Staaten zum Nutzen gereicht.

Daß dabei die Beantwortung der Frage, ob es überhaupt eine mögliche Lösung des Minoritätenproblems gibt, positiv ist, daß die Vorschläge Tramplers in jeder Richtung beachtlich sind, scheint mir gerade auf diesen gediegenen rechtspolitischen Unterbau seiner Ausführungen zurückzuführen zu sein.

Das Buch Tramplers ist eine verdienstvolle Leistung, an der meine Auffassung der Politik als Funktion des Rechts an einem konkreten Beispiel zur Geltung gebracht wird.

Zur Einführung.

Von Professor Dr. Karl Haushofer, Universität München.

Von zwei Gegenpfeilern aus scheint sich — spät genug — der tragende Bogen zu einem tauglichen, in hoffnungsvolle Zukunft weisenden Recht der Volkheiten (Nationalitäten) in der modernen Gesetzgebung vorzuwölben. Vom Naturrecht auf Atemweite und Lebensfähigkeit im Lebensraum geht der eine Zusammenbau aus; vom gegebenen, aber zu ändernden, im Geltungsaugenblick schon veralteten Recht (der lex lata) innerhalb der Reichs- und Staatsräume der andere.

Wo beide sich finden und sich decken, da besteht Aussicht, daß man sich dem Rechte, das mit uns geboren ist, so weit nähert, als es die menschliche und vor allem staatliche Unvollkommenheit, die Mehrheitstyrannei von oft knapp 51% in einem demokratischen Zeitalter erreichen zu lassen vermag; und an dieser Stelle werden die Karte des Selbstbestimmungsrechts der Volkheiten, die der Naturwissenschaftler im Stil von Manfred Langhans entwirft, und die rechtsgeschichtliche und rechtsphilosophische Darstellung des geltenden und des zu wünschenden, heraufzuführenden Rechtszustandes der Nationalitäten, die Kurt Trampler in dem folgenden Aufbau zusammenfügt, gleichmäßig erweisen, was als leg ferenda zu wünschen wäre.

Es ist gewiß kein Zufall, daß es vor allem kühne, junge Forscher sind, die einen solchen Zusammenbau zu besseren und befriedigenderen künftigen Lösungen der Minderheitenfrage verfechten, die so große Menschenzahlen mit Heil oder Unheil trifft. Es bedarf starken Vertrauens in die Macht des Rechtes im Raum, des Raumes im Recht, um solche Arbeiten zu beginnen und an ihren Enderfolg zu glauben; obwohl ja allein in den mehr als 40 Millionen vergewaltigter Minderheiten in Europa solche Wucht, so gewaltige Dynamik hinter dem Problem steht, daß nur wenige „Mehrheiten“ in dem klein gewordenen Erdteil Europa die Gesamtzahlenstärke seiner Minderheiten erreichen, so z. B. sehr knapp die italienische Volkheit, schon nicht die französische, nicht annähernd die herrschende Staatsvolkzahl des Polen-, Südslaven- oder Tschechenstaates!

Und es ist vielleicht ein gutes Vorzeichen, daß gerade die biologische Staatsbetrachtungsweise der politischen Erdkunde sich mit voller Überzeugung für solche Arbeiten der Rechtsgeschichte, des Staats- und Völkerrechts, wie die von Kurt Trampler, einsetzen kann; wie auf der andern Seite sicher solche geojuristische Karten, wie die von Langhans, dem Verfechter eines besser zu entwickelnden Buchstabenrechts schätzbare, weil biologisch, naturwissenschaftlich unbestreitbare Belege für den Riß zwischen Lebensraumtatsachen und Rechtsbuchstaben liefern.

So wird veraltetes Recht, das aus Segen zum Fluch geworden ist, nicht nur von einer, sondern von zwei Seiten berannt; und hoffentlich wird es vor solchem Doppelsturm ethisch längst nicht mehr zu haltende, aber mit verschleierter oder offener Gewalt aus vergangenen Machtvorstellungen neu aufgeschanzte Stellungen räumen müssen.

Dann erst wird die Bahn zu höheren Ordnungen des Ausgleichs in immer größeren Räumen der Erde, zu Erdteilzusammenschlüssen, zur Inkarnation von Panideen vielleicht frei; und aus einem Werkzeug zur Täuschung und Enttäuschung der Völker durch spiegelfechtende Diplomaten wird ein wahrer Völkerbund entstehen können, dem sich dann erst auch so mächtige, heute abseits gebliebene Verbände, wie die Vereinigten Staaten, die Sowjetbünde und die panpazifisch zusammengefaßten Kräfte des pazifischen Umkreises wohl nicht mehr entziehen können.

Aber die Voraussetzung für eine allgemeine Geltung der Wegzeichen zu solchen Zukunftsentwicklungen ist doch, daß solche Gedankengänge sich durchsetzen, wie sie die folgende Arbeit vertritt: zuerst in einer klaren Durchforschung und Durchleuchtung des geltenden Minderheitenrechts und seiner Entwicklungsgeschichte, dann in einer Prüfung der Anläufe zur Besserung, die seit dem letzten großen Zusammenbruch gemacht worden sind; endlich in Zukunftsaussichten, vor deren Verwirklichung freilich noch sehr viele Hemmungen und unbewußte, wie voll bewußte Widerstände zu überwinden sein werden.

Trotzdem wir politischen Geographen diese Widerstände vielleicht stärker einschätzen — aus unseren Erfahrungen mit Reibungswiderständen des Bodens und der Erde heraus —, als der gewiß nicht zu Illusionen neigende Vertreter des Rechts, begrüßen wir warm einen solchen Anlauf. Er bringt nicht nur seinem eigentlichen

Arbeitsgebiet, dem Wissen von Recht und Staat, sein wertvolles Rüstzeug, sondern weit darüber hinaus auch der politischen Erdkunde, den Gesellschaftswissenschaften, jenem weiten Kreis, der namentlich in biologischer Betrachtung der Machtformen, der Staaten ein überaus befruchtendes, belebendes, gestaltendes Hilfsmittel zur Erkenntnis ihres widerspruchsvollen Wesens sieht.

So will ich dieser Arbeit gern über die eigentlichen Fachkreise hinaus, an die sie sich zunächst wendet, den Weg bahnen helfen in weitere Kreise aus anderem Arbeitsbereich, die freudig den unerwarteten Helfer aus sonst in sich abgeschlossenen Gebieten erkennen.

Denn, was wir Mitteleuropäer, der Macht in der sich neu gestaltenden Erde entkleidet, für das Recht der Nationalitäten in der modernen Gesetzgebung nun — rein gestützt auf das innere Recht der Zukunft — erreichen müssen, wenn wir nicht schlimmer verkümmern wollen, als irgend ein anderer, weiterer Raum unseres Planeten, das wird mit Ressorteinseitigkeit, und leiste sie noch so Treffliches, allein nicht mehr geschafft; — es ist höchstens dem Zusammenbau aus allen unsern einzelnen Wissenszweigen auf das eine große Ziel des Lebenkönnens in unserem durch Arbeit aufs höchste entwickelten Lebensraum erlangbar.

Auf diesem mühevollen Wege aber bedeutet Kurt Tramplers Arbeit einen entschlossenen, wohlbegründeten Schritt vorwärts. Darum ist es mir eine Ehre und Freude, ihr dieses empfehlende Geleitwort mitzugeben, damit sie über das eigentliche Arbeitsgebiet des Verfassers und der Rechtswissenschaft hinaus, überall dahin vordringe, wo man in einer gerechten Verteilung von Atemweite und Lebensraum auf der enger und enger werdenden, langsam sich übervölkernden Erde „das Hauptproblem der physischen Anthropogeographie“, die entscheidende Aufgabe für die Zukunft von Kultur, Macht und Wirtschaft der Menschheit erkennt.

Vorwort des Verfassers.

Die vorliegende Arbeit über die rechtlichen Grundlagen der gegenwärtigen und der erstrebenswerten Nationalitätenpolitik bezweckt nicht eine lückenlose Darstellung des gesamten Rechtsmaterials, das in diese Frage einschlägig ist, zu geben. Eine solche Darstellung würde heute bereits eine Bibliothek füllen und keiner, außer dem Fachmann, könnte sie lesen. Es scheint mir, daß die europäische Minderheitenfrage schon mehr als es gut ist, zu einer Art „Geheimwissenschaft" der Spezialisten geworden ist, die sich mit ihr ständig und eingehend befassen.

Auf Grund eingehenden Studiums dieser Frage habe ich die Überzeugung gewonnen, daß im Nationalitätenproblem die tiefsten Wurzeln des Völkerhasses zu suchen sind, der Europa nicht zur Ruhe kommen läßt. Und deshalb wollte ich mit dieser Arbeit eine kurze Darstellung der nationalen Minderheitenfrage Europas geben, die es jedem — nicht nur dem Fachmann — ermöglicht, mit Verständnis den Ereignissen auf diesem Gebiet zu folgen und seine Schlüsse daraus zu ziehen. Denn nichts scheint mir in einem Zeitalter, in dem jeder Einzelne mit dem Stimmzettel über die Politik seines Staates mitentscheidet, gefährlicher zu sein, als wenn sich zwischen die lebenswichtigen Fragen nicht nur unseres Volkes, sondern des ganzen Kontinents, und die betroffenen Völker die trennende Mauer mangelnden Verständnisses schiebt.

Ich mache kein Hehl daraus, daß ich bei der Auseinandersetzung über das Nationalitätenproblem die Forderungen der unterdrückten Minderheiten in weitestem Umfang für gerechtfertigt halte und daß ich das hohe Maß von Verantwortung bewundere, das sie dadurch beweisen, daß sie nicht als staatsfeindliche Elemente zum Umsturz drängen, sondern ein ganz neues System des Verhältnisses zwischen Völkern und Staaten suchen, das ohne Gewaltanwendung ein sehr weitgehendes Maß nationaler Befriedung gewährleistet. Aber diese Stellungnahme beruht nicht auf der sicherlich auch nicht unverständlichen Parteinahme eines Deutschen für die Sache seiner Volksangehörigen in fremden Staaten, sondern ich bin auf Grund eingehender wissenschaftlicher Untersuchungen der Überzeugung, daß die gegenwärtigen Methoden sowohl des Minderheitenschutzes, wie auch die der gewaltsamen Auflehnung gegen die Unterdrückung keine Aussicht haben, eine dauernde Lösung des siedlungsgeographisch schon bedingten Nationalitätenproblems zu bringen. Aus dieser Einstellung heraus möchte ich meine Vorschläge für die Lösung des Minderheitenproblems — dessen Geschichte und augenblicklichen Stand ich in den beiden ersten Teilen der Arbeit behandelt habe — verstanden wissen.

Das wertvollste Material, das meiner Arbeit zugrunde liegt, sind meine zahlreichen Dienstreisen auf internationale Kongresse, die sich mit der Minderheitenfrage befaßt haben. Diese Reisen haben mich von Holland bis in die Flüchtlingslager der mazedonischen Emigranten in Südbulgarien und an den Sitz des Völkerbundes geführt. Ich habe an den Kongressen teils als Mitglied der deutschen Delegation, teils als Berichterstatter teilgenommen und hatte Gelegenheit, nicht nur die Beratungen mitzumachen, sondern auch mit zahlreichen führenden Persönlichkeiten der Minderheiten über deren schwere Sorgen zu sprechen und von zahlreichen Vertretern der Staatsvölker die Bedenken gegen eine freiheitlichere Regelung des Minderheitenschutzes zu hören. Alle die Meinungen und Erkenntnisse, die mir aus dem harten kämpfenden politischen Leben Europas zugeflossen sind und die mir die schwersten Gefahren schon für die nächste Zukunft der Völker Europas gezeigt haben, sind in meiner Arbeit mit verwendet worden.

Wenn diese Zeilen den Zweck erfüllen, die geschichtlichen Wurzeln des Kampfes, die zahlreichen Mißverständnisse zu klären, zu überzeugen, daß augenblicklich der Minderheitenschutz auf Irrwegen ist, wenn sie dazu beitragen, den großen Entschluß freiheitlicher Neugestaltung der Beziehungen zwischen Staaten und Völkern zum beiderseitigen Gewinn zu fördern, so glaube ich damit am besten den Dank abzutragen, den ich Freunden und Gegnern dafür schulde, daß sie mir eine Zusammenschau des Gesamtproblems durch die tausend Einzelheiten ermöglicht haben, in die sie mir Einblick gewährt haben.

München, den 15. Januar 1929.

Kurt Trampler.

Inhaltsverzeichnis.

III. Teil.

Seite

Die Lösung der nationalen Frage: Das Eigenrecht der Völker.

1. Abteilung.

Die Atomisierung Europas und die Notwendigkeit ihrer Überwindung.

2. Abteilung.

Die Grundlagen einer Politik als Funktion des Rechts.

3. Abteilung.

Grundlagen der Stellung der Nationalität im Staat.

4. Abteilung.

Überstaatliche Nationalitätenrechts-Setzung und Nationalitätenrechts-Garantie.

5. Abteilung.

Das Recht der Volksgemeinschaft.

6. Abteilung.

Praktische Anfänge zur Verwirklichung der Reform des Minderheitenrechts.

7. Abteilung.

Einführung.

Nach Beendigung des Weltkrieges war die Gestaltung des neuen Europa vollständig in die Hände der alliierten und assoziierten Mächte gegeben. Der Versuch dieser Neugestaltung ist der widernatürlichste, traditionsloseste und ungerechteste Versuch der Lösung des europäischen Problems. Der Bau des neuen Europa ist nahezu ausschließlich auf dem Fundament der materiellen Macht errichtet. Wer deshalb der Ansicht ist, daß ein

dauerhafter Frieden nur als Funktion der verwirklichten größtmöglichsten Gerechtigkeit

möglich ist und daß sich gegen einen Frieden, der dieser Definition in tiefstem Grunde widerspricht das Streben nach Gerechtigkeit wenden muß, das eine starke treibende Kraft der Geschichte ist, der kann die Friedensverträge der Pariser Vororte von 1919 nicht als eine Lösung des europäischen Problems betrachten. In Wirklichkeit sind sie eine Quelle ständiger Beunruhigung, denn sie haben eine der größten, wenn nicht die größte aller lösungsbedürftigen Fragen, die nationale Frage ungelöst gelassen.

Es ist ein unvermeidliches Schicksal Europas, daß sich der Aufbau der einzelnen Staaten nicht ausschließlich auf dem Fundament jeweils einer Nation vollziehen kann. Die Form, die ein herrschendes Volk dem Staat gibt, kann in den meisten Fällen nicht die Form sein, die der Bevölkerung des Staates entspricht, sofern sich diese aus mehr als einem Volk zusammensetzt. Sobald das herrschende Volk versucht, auch in geistig-seelischer Hinsicht das beherrschte Volk zu beeinflussen, muß notwendigerweise die Spannung zwischen herrschendem Volk bzw. Staat und dem beherrschten Volk eintreten.

Eine Lösung des nationalen Konfliktes ist nur in einem Fall möglich: wenn zwischen beiden Völkern auf der Grundlage der Heiligkeit des Volkstums die Synthese zum Staat gefunden wird.

Die Friedensverträge von 1919 haben diese Notwendigkeit außer acht gelassen. Wo sie den Nationalitäten eigene Rechte hätten geben müssen, gaben sie karitativen Schutz oder nur vage Versprechungen. Das Problem der Nationalitäten hat sich durch die Grenzziehungen von 1919 vervielfacht. Die Friedensverträge tragen also den Keim neuer Brände in sich. Die zusammengeballte Kraft sturmgewohnter unterdrückter Seelen wird Europa in den Abgrund stürzen, wenn ihnen nicht die Freiheit gegeben wird, diese Kraft wird aber Europa auch aufbauen, wenn man sie nicht mit den Bajonetten an der Erfüllung ihrer gewaltigen Mission verhindert[1]).

Um die tatsächliche Gefährdung des Friedens durch nationale Gegensätze darzutun, sei erwähnt, daß alle ernsthaften Kriegsgefahren, die seit 1919 Europa bedroht haben, von dieser Entstehungsursache ausgehen. So ist die jugoslawisch-italienische Spannung infolge der Unterdrückung der slawischen Minderheit in Istrien entstanden, die starken Gegensätze zwischen Bulgarien und Serbien haben die Verweigerung der Freiheitsrechte an die mazedonische Minderheit in Südserbien zum Anlaß, die feindselige Haltung Ungarns gegenüber Rumänien geht auf die Unterdrückung der magyarischen Minderheit in Siebenbürgen zurück und der Wilnakonflikt, der jahrelang den offenen Kriegszustand zwischen Polen und Litauen aufrechterhalten hat, ist ebenfalls aus derselben Ursache entstanden. Auch eine große Anzahl der Gefahren an der sowjetrussischen Grenze gegenüber den Oststaaten ist dadurch hervorgerufen, daß die in national-kultureller Beziehung föderative Gestaltung der Sowjetunion den schlecht behandelten weißrussischen und ukrainischen Minderheiten eine staatliche Vereinigung mit der Sowjetunion als erstrebenswertes Ziel zur Verbesserung ihrer Lage erscheinen läßt. Im Sinn einer unmittelbaren Kriegsgefahr soll von den deutschen Minderheiten hier nicht gesprochen werden, da die durch den Versailler Vertrag begrenzte militärische Macht des Deutschen Reiches dieses nicht als ernsthaften militärischen Konkurrenten gegen die Kriegsgewinnerstaaten in Frage kommen läßt.

Überall in Europa rüttelt eine neue Gedankenwelt an den Grundfesten des omnipotenten Staates und fordert, das Recht der Seele höher zu werten als das Recht der Faust.

Wird dieser Kampf mit der Macht der Ideen, der Macht des Geistes zu führen sein? Diese Frage dürfte nur dann zu bejahen sein, wenn alle, die an ihrer Lösung beteiligt sind, gemeinsam nach

---

[1]) Vgl. Resolution des 3. Kongresses der organisierten nationalen Gruppen in den Staaten Europas in Genf 1927.

den rechtlichen Formen suchen, die der nationalen Bewegung in Europa die freie Entfaltung in den Staaten Europas ermöglichen.

Geheimrat Prof. Dr. Fritz van Calker hat mit seiner These, daß Politik eine Funktion des Rechts ist, den Rahmen geschaffen, in dem sich der Kampf abspielen kann. Die Nationalitätenpolitik von heute ist die Funktion des unzulänglichen geltenden Rechts. Um so mehr sie fortschreitend Recht gestalten wird, und immer mehr Funktion eines werdenden neuen Rechts wird, wird als Funktion dieses neuen Rechts der Friede der Nationen erreicht werden. Mit anderen Worten:

Der Ausgangspunkt des Kampfes ist ein überaltertes, von neuen Ideen überholtes, geltendes Recht. Die gestaltende Kraft ist das den neuen Ideen entsprechende Rechtsideal, der Zielpunkt ist die Verwirklichung dieses sein sollenden Rechtes in der Form geltenden Rechts.

Die vorliegende Arbeit will in kurzen Zügen die Entstehung des Problems, den Stand des geltenden Rechts darstellen und anschließend versuchen, die Grundlagen des werdenden Rechts der Völker aufzuzeigen.

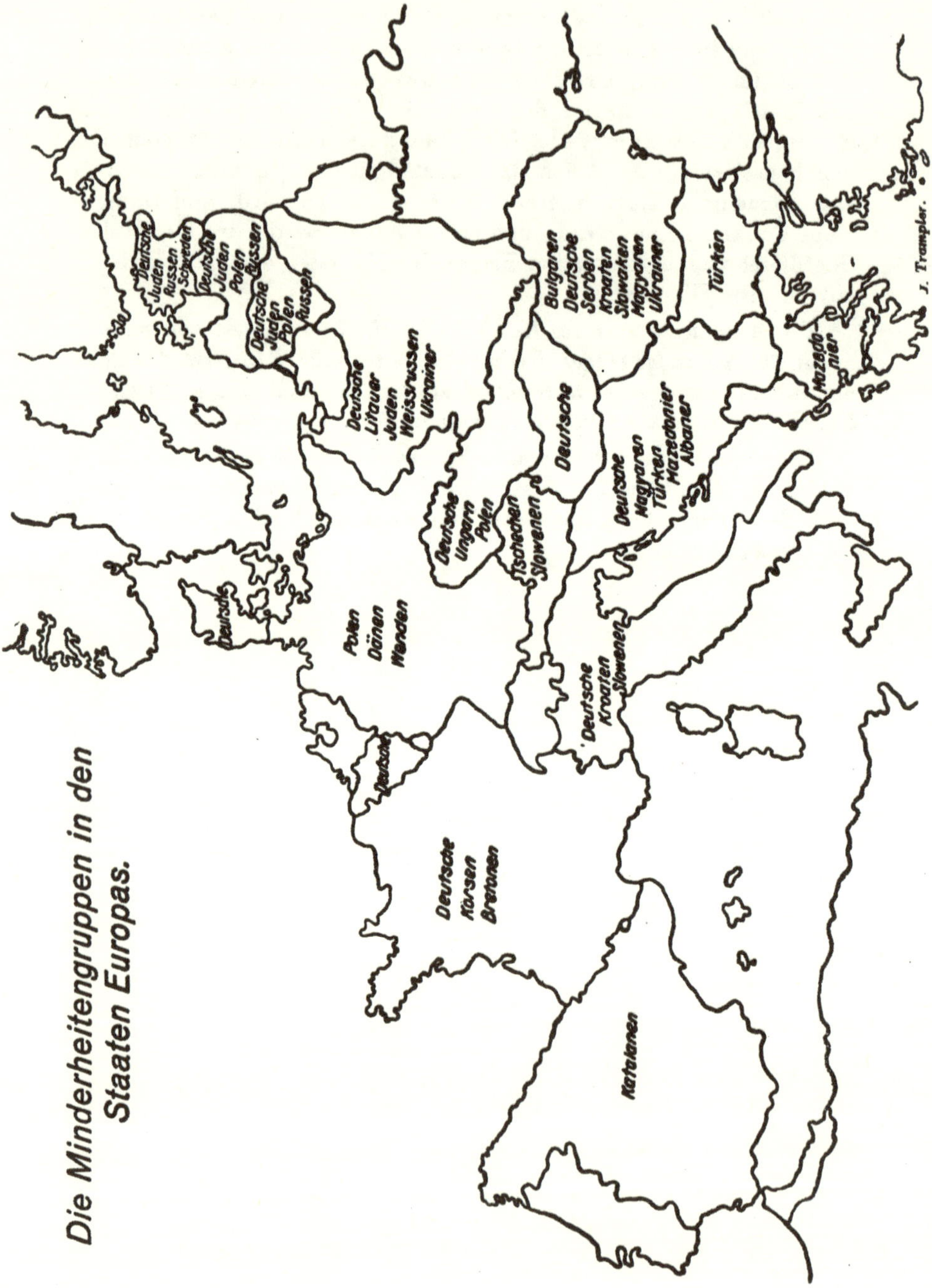

Die Minderheitengruppen in den Staaten Europas.

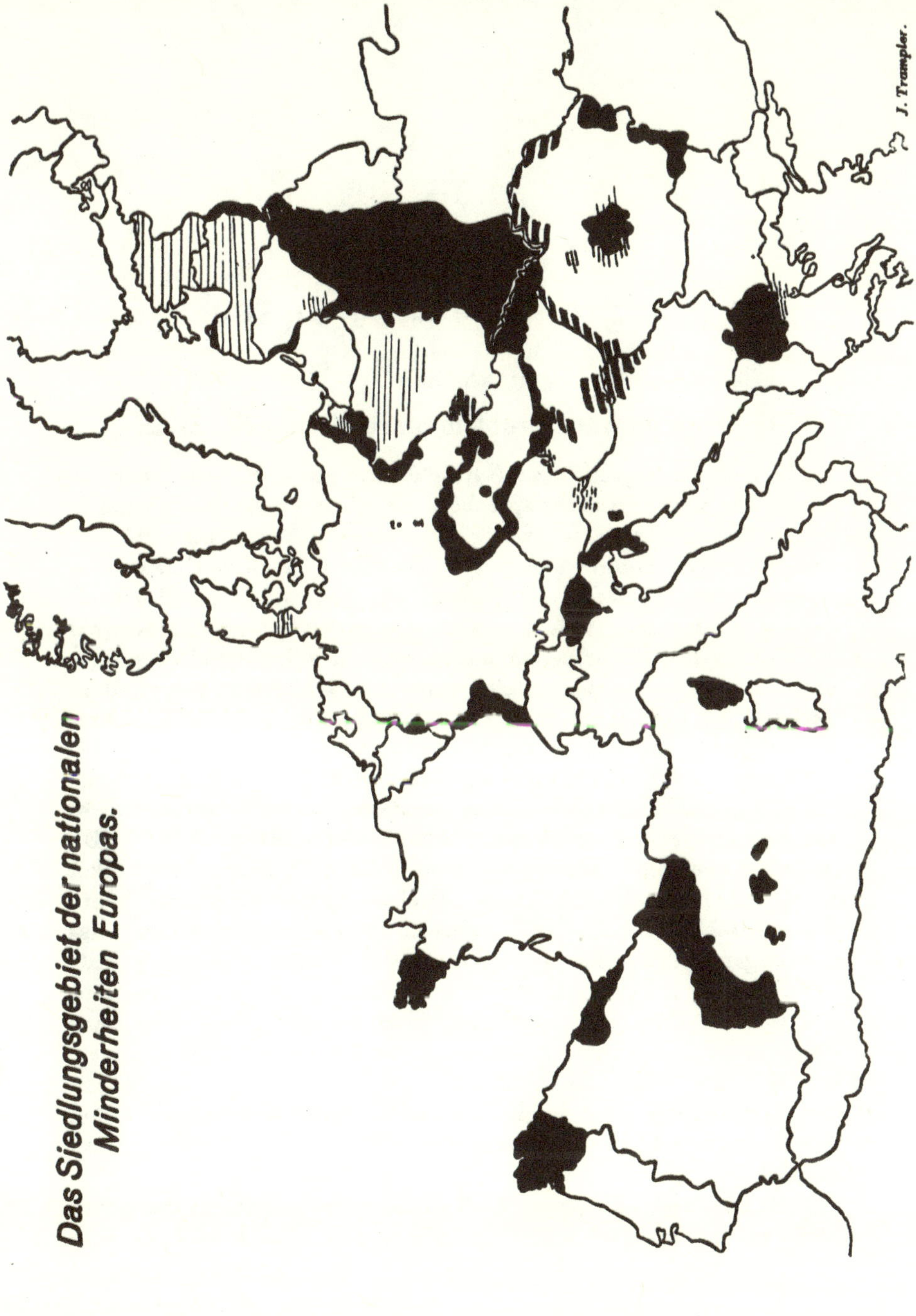

Das Siedlungsgebiet der nationalen Minderheiten Europas.

I. Teil.

Vorgeschichte des heutigen Nationalitätenproblems.

1. Abschnitt.

Das Nationalitätenproblem im römischen Weltreich.

Von einem eigentlichen Nationalitätenproblem kann man im römischen Reich nicht sprechen. Der Römer, der als Nation in seinem Reich bereits frühzeitig selbst eine zahlenmäßige Minderheit darstellte, konnte aus diesem Grunde in seinem Reich keine eigentlichen „Minderheiten" haben. Die Staatsklugheit Roms erkannte schon von Anfang an die Unmöglichkeit oder empfand wohl auch kaum das Bedürfnis, die unterworfenen Völkerschaften zu entnationalisieren. Im Gegenteil! Rom versuchte die verschiedennationalen Teile seines Weltreiches gerade durch die Pflege ihrer Kultur besonders fest an Rom zu binden.

Entsprechend der Tatsache, daß die nationale Eigenart der verschiedenen Völker des Reiches hauptsächlich auf religiöser Eigenart beruhte, erwies man den Göttern der anderen Völker (Dii minorum gentium!) Verehrung, man förderte die Kultur der Völker (z. B. griechische Kunst), man gewährte später allen Bewohnern des römischen Reiches das Bürgerrecht und ermöglichte ihnen das Aufsteigen in die höchsten Stellungen des Staates. Das stolze Wort „civis Romanus sum" konnte jeder Reichsangehörige, der sich nicht völkisch als „Romanus" hätte bezeichnen können, gebrauchen, ohne damit in Widerspruch mit seiner nationalen Eigenart zu kommen.

Diese Art kluger Rücksichtnahme auf die seelische Einstellung der Reichsvölker hat zweifellos die zentrifugalen Kräfte des Reiches geschwächt und die Aufrichtung des Weltreiches überhaupt erst ermöglicht.

Die Einwände, die gegen die Nationalitätenpolitik des römischen Reiches, insbesondere von Angehörigen des Staates erhoben werden, der sich als Nachfolger dieses Reiches fühlt und heute eine entgegengesetzte Nationalitätenpolitik betreibt, liegen auf der Hand. Sie lassen sich in die Frage zusammenfassen: ist das römische Reich nicht gerade an dieser nationalen Toleranz zugrunde gegangen? Ich möchte diese Frage verneinen und behaupten, daß das römische Reich weder seine Entwicklung zur Weltbeherrschung hätte nehmen können, noch die Herrschaft so lange hätte ausüben können, wenn es nicht nationale Toleranz geübt hätte.

Andererseits sind die Gründe für den Untergang des Römerreiches teilweise auf nationalem Gebiet zu suchen. Aber die Schädigung Roms bestand nicht darin, daß die Unantastbarkeit fremden Volkstums anerkannt wurde, sondern in der Rezeption fremder Kulturen, also darin, daß man fremdem Volkstum im Kreise der Nationalrömer eine Zentrale geben wollte, daß man um des staatlichen Zentralismus willen Rom zum Mittelpunkt für die Spitzenleistungen der Kultur aller Reichsvölker wählen wollte. Dadurch wurde der nationalrömischen Kultur in ihrem ureigensten Gebiet Boden entzogen. Rom war nicht mehr römischer Kulturboden, sondern mehr der Ausstellungsort der Kulturen zahlreicher Völker. Aus diesem Zentrum konnte der Nationalrömer nicht mehr die römisch-nationalen Kräfte schöpfen, die zur Erhaltung der starken Befähigung seines Volkes notwendig gewesen wären. Innerhalb des römischen Weltreiches war — mit gewissen Einschränkungen — der Römer selbst das einzige Volk, das sein Volkstum verlor.

Der Grund des nationalen Niederganges Roms ist nicht die nationale Toleranz sondern ein Fehler der staatlichen Konzeption des Reiches. Es stellte sich am Beispiel Roms heraus, daß in einem verschiedennationalen Staat nur eine regionale oder nach Gemeinschaften getrennte Gliederung des Kulturlebens möglich ist. Die Tatsache der Zusammenballung aller Kulturen in einer Zentrale mußte sich gerade bei einem Staat, in dem das Herrschervolk selbst Minderheit ist, notwendigerweise in der Form auswirken, wie es im Falle des römischen Weltreiches geschehen ist.

An die Stelle des römischen Weltreiches trat als Nachfolger das neue Weltreich mit dem bestimmenden Einfluß des Germanentums, das Heilige Römische Reich Deutscher Nation. Selbst in der Übergangszeit der germanischen Einzelreiche kann nationale Intoleranz nirgends festgestellt werden. Von den siegreichen Germanen wird die nationale Eigenart der unterworfenen Völker nicht angetastet, ja viele werden von den Unterworfenen amalgamiert. So z. B. die Vandalen, die Langobarden, die Franken u. a.

Von wesentlicher Bedeutung für die Betrachtung der heutigen Nationalitätenkämpfe ist der Versuch, der staatlich einheitlichen und in nationaler Hinsicht föderalen Organisation Gesamteuropas im Heiligen Römischen Reich Deutscher Nation.

2. Abschnitt.

Europäische Einheitstendenzen im Mittelalter.

Dem Mittelalter war der Nationalitätenkampf im modernen Sinne fremd. Wohl gab es auch schon damals Nationen, kulturell und sprachlich unterschiedliche Volkskörper. Jedoch traten infolge der verschiedenen zur Einheit drängenden Tendenzen diese Unterschiede nicht als umkämpfte Frage in Erscheinung.

Das frühe Mittelalter wies auf dem Gebiet, das damals kulturell als „Europa" bezeichnet werden konnte, eine absolute religiöse Einheitlichkeit auf. Die geistliche Macht war in der Hand des Papsttums konzentriert. Der gemeinsame Glaube übte eine zusammenführende übernationale Wirkung auf die einzelnen Kulturkreise aus.

Desgleichen hat auch die weltliche Herrschaft, das Kaisertum, einen durchaus universalen Zug, und wenn es auch nicht die ganze Christenheit unter seinem Szepter vereinigte, so übte es doch Jahrhunderte hindurch eine so starke Vorherrschaft aus, daß daneben für stark entwickelte andere Staaten kein Raum war und eine Auflehnung gegen seine Vorherrschaft von vorneherein zum Mißlingen verurteilt gewesen wäre.

Unter dem Einfluß der weltlichen und geistlichen Einheitstendenz strebte auch das Rittertum nach gemeinsamen Idealen. Insbesondere in den Kreuzzügen bildete sich eine gewisse internationale Solidarität des Wehrstandes heraus, der nationale Unduldsamkeit fremd war. Wissenschaft und Kunst sowie der Kaufmannsstand stellten ebenfalls in weitgehendem Maße übernationale Gemeinschaften dar.

Diese Einstellung schuf einen Verzicht auf kulturelle Unterdrückung der Nationen, die in ungehinderter Entwicklung hohe kulturelle Leistungen hervorbringen konnten. Man könnte die Zeit als die Epoche des föderalistischen Aufbaues Europas bezeichnen.

Europa war nicht in Nationen zerrissen, sondern in Nationen gegliedert, die ihr Leben nebeneinander als gleichberechtigte kulturelle Gemeinschaften führten.

3. Abschnitt.

Der Verfall der Einheitstendenzen.

Mit dem Zwiespalt auf religiösem Gebiet begann jedoch im ausgehenden Mittelalter der Verfall der föderalen Konstruktion Europas. Die neu entstandene Bewegung der Reformation führt zu einer religiösen Teilung Europas. Um dieser geistigen Teilung gegenüberzutreten, versuchen die Bekenner des ursprünglichen Glaubens zunächst eine gewaltsame Unterdrückung der Teilungsbewegung. Es beginnt der überaus interessante Kampf um die religiöse Freiheit, der im gewissen Umfang bemerkenswerte Parallelen zum Kampf um die nationalkulturelle Freiheit zeigt. Bald erwies sich die Unmöglichkeit, geistige Bewegungen mit materiellen Mitteln zu bekämpfen, und es erfolgt die tatsächliche Anerkennung beider Religionen innerhalb des Deutschen Reiches. Zunächst nicht in der Form, daß der einzelne über sein Bekenntnis zu entscheiden hätte. Über die Religion des Landes und sämtlicher Staatsangehörigen eines Landes bestimmt der Landesfürst. Es entsteht der Grundsatz „cuius regio, eius religio", ein Satz, der heute als unsittlich empfunden wird, dennoch aber heute seine Parallele in dem ungeschriebenen, aber deshalb nicht minder angewandten Satz „cuius regio, eius natio" hat.

Der religiöse Kampf hört erst auf, ein Kriegsgrund zu sein, nachdem Bekenntnis und Ausübung des Bekenntnisses dem einzelnen freigestellt wird und den betreffenden religiösen Gemeinschaften das Koalitionsrecht verliehen wird.

Auch die weltliche Einheit geht ungefähr gleichzeitig mit der geistlichen ihrem Verfall entgegen. Die Macht des Kaisers innerhalb des Reiches schwindet mehr zugunsten der Fürsten. Tatsächlich ist der Kaiser auch zum Teilfürsten geworden, als im westfälischen Frieden 1648 den Fürsten das Recht zu eigener Außenpolitik verliehen wird, wenn auch formal dieses Recht dahin eingeschränkt ist, daß es nur ausgeübt werden darf, wenn sich die Ausübung nicht gegen die Interessen des Reiches richtet. Die Auflösung des Reiches 1803 ist nichts mehr als eine formelle Bestätigung eines bereits seit diesen Tagen herrschenden Zustandes. Neben dem Kaisertum wachsen andere Staaten zu gleicher und größerer Macht an. Eine Reihe dieser Staaten (z. B. Frankreich, England) sind bereits auf der Grundlage einer Nation aufgebaut.

Zugleich mit dem Kaisertum verfällt auch die internationale Solidarität der Stände. Der ritterliche Wehrstand macht dem

Söldnertum Platz, das ohne Berücksichtigung irgendwelcher idealer Beweggründe jedem zur Verfügung steht, der über die erforderlichen Geldmittel zu seiner Bezahlung verfügt.

Damit ist der Gedanke eines europäischen Universalstaates in der Konzeption des Heiligen Römischen Reiches Deutscher Nation gescheitert.

Innerhalb der einzelnen Staaten des europäischen Festlandes hat sich ungefähr zu Ende des Auflösungsprozesses des Kaisertums die Staatsform des unbeschränkten Absolutismus durchgesetzt. Der herrschende Fürst allein repräsentiert den Willen des Staates. In seine Hand ist Unterdrückung oder Wohlergehen seiner Untertanen gegeben. Da bei den meisten Fürsten die französische Auffassung „l'etat c'est moi" das Übergewicht über die Ansicht Friedrichs des Großen, der erste Diener des Staates zu sein, hatte, so mußten sich naturgemäß bald starke Widerstände der Beherrschten gegen die Herrschenden geltend machen. Die Völker selbst suchten auf evolutionärem oder revolutionärem Wege die herrschende Rechtsauffassung, daß das Volk Objekt sei, in ihre Rechtsauffassung, selbst Subjekt zu sein, zu wandeln.

4. Abschnitt.

Die Staatsidee der Französischen Revolution.

Auf dem Boden der Französischen Revolution entsteht so der Gedanke der Volkssouveränität. Dieser Gedanke hat, entsprechend seinem Entstehungsland, die Voraussetzung, daß der durch das souveräne Volk geleitete Staat ein Nationalstaat ist. Infolgedessen ist in dieser Staatstheorie das Nationalitätenproblem überhaupt nicht berücksichtigt. Eine nationale Minderheit ist gegenüber einer infolge des Ausgangs der Wahlen entstandenen innenpolitischen Minderheit (parteipolitischen Minderheit) in keiner Weise bevorzugt:

1. Alle Bürger sind gleichberechtigt.
2. Die Gesamtheit aller Bürger bildet als ihre Organisationsform den Staat.
3. Individuum und Staat stehen in direkter Verbindung, d. h. der Staat als eine Summe von Individuen erkennt zwischen dem Einzelmenschen und sich keine Gemeinschaften als Zwischenglieder an. Er übt das Monopol

der Herrschaft aus. (Omnipotenter Staat, Staatsabsolutismus.)

Der Wille des Staates wird dadurch festgestellt, daß in Form von Wahlen die Aussonderung der einzelnen nach bestimmten Willensrichtungen vollzogen wird. Ist eine Einheitlichkeit des Willens nicht zu erzielen, so wird der Wille der Mehrheit als der Wille der Gesamtheit angesehen.

Es ergibt sich also die Gleichung:

Gesamtheit der Einzelpersonen = Staat.
Wille des Staates = Wille der Mehrheit.

Diese Gleichung stimmt aber nicht. Sie kann nicht stimmen, da die Staatsbürgerschaft eben kein einheitlicher Begriff ist. Die Fehlerhaftigkeit dieser Gleichung beweist, daß die demokratische Idee der Freiwilligkeit, der Über- und Unterordnung in einem Staat der Volkssouveränität in der Praxis undurchführbar ist, und daß auch der demokratische Staat des Zwanges bedarf, der in der Praxis in einer tatsächlichen Souveränität der Mehrheit des Volkes bzw. ihrer Beauftragten besteht. Je nachdem in dem betreffenden Staat parteiische Unduldsamkeit oder staatsmännische Kunst die Oberhand haben, wird sich die Herrschaft der Mehrheit bemühen, wesentliche Lebensinteressen der in der Minderheit verbliebenen Kreise nicht zu verletzen, oder sie wird zum Absolutismus der herrschenden Mehrheit ausarten, die sich von dem Absolutismus eines einzelnen moralisch überhaupt nicht und tatsächlich nur dadurch unterscheidet, daß sie einer größeren Anzahl von Menschen genehm ist.

5. Abschnitt.

Die Entstehung der Nationalitätenkämpfe aus der Auflehnung der Minderheiten gegen den omnipotenten Staat.

Mit dem Monopol der Herrschaft nimmt der Staat meist auch das Monopol der Bildung, das Monopol für die Jugenderziehung für sich in Anspruch. Während die Herrschaft der Mehrheit, sofern sie sich auf die Erhaltung der Staatsordnung auf das Gebiet des Rechtswesens, auf verschiedene materielle Fragen beschränkt, keineswegs den inneren Frieden zu gefährden braucht, so ändert sich das, sobald die Mehrheit das Prinzip „Wille der Mehrheit = Wille der Gesamtheit“ auch auf die geistigen Lebenskreise anzuwenden bestrebt ist.

Auf religiösem Gebiet ist die Erkenntnis, daß religiöse Minderheiten nicht zur Anerkennung des religiösen Willens der Staatsmehrheit gezwungen werden können und dürfen und daß ihnen die Ausübung ihrer Religion freistehen muß, sofern diese Ausübung nicht den Lebenskreis anderer auf demselben Raum wohnenden Menschen und Menschengemeinschaften verletzt, bereits zum Allgemeingut der Auffassung in Kulturstaaten geworden.

Aber der Kreis der als unverletzlich geachteten psychischen Güter des Lebens hat sich noch nicht allgemein auf die Anerkennung der national-kulturellen Rechte der Völker ausgedehnt. Die heutigen demokratischen Verfassungen ermöglichen, daß die Mehrheit Gesetze erläßt, die nach dem Wortlaut der Verfassungen zu Recht die Sprache und den nationalen Geist der Mehrheit für die Erziehung der Gesamtheit vorschreiben, also den kulturellen Werten der nationalen Minderheiten nicht Rechnung tragen.

Hiezu kommt noch, daß seit der Verbreitung des Gedankens des Selbstbestimmungsrechtes der Völker jeder Staat heute mehr denn je seine Berechtigung davon ableitet, daß er behauptet, die Organisationsform einer Nation zu sein. Auch Nationalitätenstaaten (z. B. Polen, Tschechoslowakei usw.) behaupten Nationalstaaten zu sein. Das Streben, die Wirklichkeit mit dieser Fiktion in Einklang zu bringen, veranlaßt sie, die verfassungsrechtlichen Möglichkeiten anwenden, das Erziehungsmonopol im Sinne der Angleichung der Minderheit an die Mehrheit zu benützen. Durch diese Erziehung nach dem Willen der Mehrheit wird das kulturelle Recht der Minderheit auf Pflege, Erhaltung und Entwicklung seiner seelischen Güter verletzt. An Stelle der Gleichberechtigung der innerhalb eines Staates lebenden Nationalitäten tritt der staatliche Zwang gegen eine Minderheit. Der Staat wird für die Minderheit zur Zwangserziehungsanstalt.

Naturnotwendig muß infolgedessen zwischen Mehrheit und Minderheit eine Spannung entstehen. Die Minderheit wird sich weigern, dem von der Mehrheit erlassenen Diktat Folge zu leisten. Die Mehrheit wird diese Auflehnung der Minderheit als einen Verstoß gegen die Verfassung, als einen Angriff gegen den Staat betrachten und ihrerseits wiederum bestrebt sein, diesem vermeintlichen Angriff mit Gewalt entgegenzutreten. So zieht eine Unterdrückungsmaßregel, sofern sich Staat und Minderheit nicht verständigen können, stets weitergehende Gegenwirkung der Minderheit gegen den Staat und diese wiederum noch weitergehende **Unterdrückungsmaßnahmen** der **Staatsmehrheit** gegen die **Minderheit** nach sich. Auf die mannigfaltigste Weise (Austilgung der Sprache aus Unterricht und öffentlicher Verwaltung, Behinderung der freien Meinungsäußerung, wirtschaftliche Benachteiligung, Bestechung und Dotierung von Nationalrenegaten, Durchbrechung der geschlossenen Siedlungsgebiete, Behinderung des Verkehrs mit dem Ausland usw.) wird der Versuch zu Entnationalisierung der Minderheit unternommen.

Die Minderheit wird zum reinen Objekt der Verwaltung.

6. Abschnitt.

Wirkungen der Entnationalisierungsversuche.

Gelingt es der Mehrheit, die Minderheit zu entnationalisieren, so wird das Minderheitsvolk noch lange nicht zu einer Bereicherung des Mehrheitsvolkes werden. Die vollendete Entnationalisierung stellt seitens der Mehrheit eine erfolgreiche Verleitung zur Treulosigkeit, seitens der Minderheit eine begangene Treulosigkeit dar. Die neuen Beziehungen der Mehrheit zu den zu Anhängern der Mehrheit gewordenen Minderheitsangehörigen ist also dem Verhältnis des Anstifters zum Ausführenden einer unmoralischen Handlung gleichzusetzen. Die ihres seelischen Inhalts beraubte Minderheit, die sich entnationalisieren läßt, ist meistenteils nicht aus Überzeugungsgründen zur Preisgabe ihres Volkstums gelangt, sondern hat sich von materiellen Opportunitätsgesichtspunkten dazu bewegen lassen. Ihr Verhalten ist also eine Stärkung des Materialismus. Sie selbst ist zu einer haltlosen Volksschicht geworden. Haltlose Volksschichten werden aber auch für die Staaten, denen sie angehören, keine willkommene Bereicherung darstellen können.

Weitaus wahrscheinlicher ist es, daß das Werk der Entnationalisierung nicht gelingt. In diesem Fall muß das Ergebnis von Unterdrückung Haß sein. Der Staat wird also durch die Unterdrückung innerhalb seines Staatsgebietes eine Minderheit von Staatsfeinden schaffen.

Allein oder im Verein mit anderen staatsfeindlich eingestellten Kräften wird sie versuchen, ihre Lage zu verbessern. Sind die friedlichen Mittel (Erreichung von Zugeständnissen seitens des Staates, Veränderung der parlamentarischen Mehrheitsverhältnisse) erschöpft, so bringt die Unterdrückung die ernstliche Gefahr der

Revolution mit sich. Hiebei ist insbesondere bei der Betrachtung der Lage der Minderheiten in Osteuropa nicht zu verkennen, daß die sowjetrussische Propaganda mit Erfolg die föderative Konstruktion der Sowjetunion zugunsten der Beeinflussung der Minderheiten für den Bolschewismus geltend machen kann[1]).

Noch schwerer ist aber die Gefahr der Entstehung von Kriegen infolge der Minderheitsunterdrückung zu bewerten[2]). Bei der wachsenden Herausbildung eines überstaatlichen Gemeinschaftsgefühls von Volksteilen gleicher Nationalität wird sich nicht nur der Haß der unterdrückten Mehrheit sondern auch der Haß aller gleichnationalen Volksteile gegen den unterdrückenden Staat richten. Für den Fall, daß in einem Staat, der dem Staat, in dem die unterdrückte Minderheit lebt, benachbart ist, die Nation der Minderheit die Mehrheit darstellt, also den Staat beherrscht, so wird die unterdrückte Minderheit bestrebt sein, machtpolitischeHilfe dieses Staates zu ihrer Befreiung zu gewinnen. Schon an sich ist ein solches Aneinandergrenzen ein starker Grund für den Wunsch, die staatliche Zugehörigkeit zu verändern. Im Fall der Unterdrückung wird er regelmäßig so stark werden, daß die geringste reale Aussicht, die Befreiung zu erreichen, Mutterstaat und Grenzminderheit veranlassen, diesen Wunsch mit Gewaltmitteln durchzusetzen. Kriege, die aus solchen Anlässen entstehen sind Volkskriege, die von einem einheitlichen Gedanken getragen, von Volk gegen Volk geführt werden und deshalb viel mehr zur Erregung und Erhaltung des Völkerhasses beitragen, als irgendwelche Kriege um imperialistische Interessen es jemals konnten.

7. Abschnitt.

Die Gegeneinanderordnung der Völker.

Tatsächlich hat die ständige Unterdrückung der Minderheiten in Europa alle die genannten Gefahren begründet.

An Stelle der Nebeneinanderordnung der Völker ist die Gegeneinanderordnung der Völker getreten.

Als Nebeneinanderordnung der Völker sei definiert: Der Zustand eines nationalen Eigenlebens der Völker, ohne daß aus

[1]) Vgl. Presseberichte über Prozeß gegen die weißrussische Organisation Hromada in Polen.

[2]) Vgl. Bericht des Generalsekretärs der europäischen Nationalitätenkongresse, Dr. Ammende, auf dem 3. Genfer Kongreß.

dem eigenen Nationalbewußtsein eine gegnerische Einstellung gegen das Nationalbewußtsein anderer erwächst.

Als Gegeneinanderordnung: Der Zustand entweder eines übersteigerten nationalen Eigenlebens, aus dessen krankhafter Überhöhung eine gegnerische Einstellung gegenüber dem Nationalbewußtsein anderer erwächst oder eines unterdrückten nationalen Eigenlebens, das sich infolge der Notwendigkeit seiner Verteidigung gegen andere Völker wendet.

In einer interessanten Untersuchung über das Problem der Internationalen Nachrichtenübermittlung[1]) argumentiert der französische politische Publizist Graf d'Ormesson über die Funktionen der Presse etwa folgendermaßen: Jedes Volk hat sein Nationalbewußtsein. Dieses Nationalbewußtsein muß sich jedoch keineswegs von vorneherein gegen das Nationalbewußtsein anderer richten. Seine gegnerische Richtung gegen andere Völker erhält das Nationalbewußtsein erst durch „eine beständige Einwirkung in einem bestimmten Sinn". d'Ormesson ist der Ansicht, daß die Presse bzw. die Propaganda schlechthin die Funktion dieser „beständigen Einwirkung in bestimmtem Sinn" ausübe. Soweit nicht unterdrückte Nationen in Frage kommen, ist diese Ansicht zweifellos wohl begründet. Wenn die natürliche Einwirkung fehlt, so ist es den Persönlichkeiten, in deren Händen die tägliche Nachrichtenübermittlung und Nachrichtenkommentierung liegt, zweifellos möglich, durch eine beständige Einwirkung eine nicht durch Not begründete Gegnerschaft einer Nation gegen eine andere gewissermaßen künstlich zu schaffen. Der Erfolg ist die in unserer Definition der Gegeneinanderordnung der Völker bereits erwähnte Überhöhung und Überwertung des Nationalbegriffes, die selbst wiederum kausal ist für die notbegründete Gegeneinanderordnung, für die wiederum die Hypothese d'Ormessons nur teilweise richtig ist.

Auch das Nationalbewußtsein eines Volkes, das unter einer Souveränität lebt, deren Ausübung nicht in der Hand von eigenen Volksgenossen liegt, ist nicht von vorneherein gegen andere Völker, d. h. besonders das Volk, dessen Angehörige die Souveränität ausüben, gerichtet. Diese gegnerische Einstellung entsteht erst durch eine „beständige Einwirkung in einem bestimmten Sinn". Diese Einwirkung wird aber in diesem Fall nicht von der Presse künstlich erzeugt, sondern die Einwirkung besteht darin, daß die Ausübenden

[1]) Wladimir d'Ormesson, „La confiance en l'Allemagne" in „Revue de Paris", Jahrg. 1928, Nr. 5.

der Souveränität ihre Funktionen in einer Art ausüben, die von den Angehörigen des an der Souveränität nicht bestimmend beteiligten Volkes als ungerechter Eingriff in die Betätigung ihres Nationalgefühles angesehen wird.

Für die Zurückführung des Verhältnisses der Völker in die dem ursprünglichen gesunden Nationalbewußtsein entsprechende Nebeneinanderordnung der Völker wird deshalb einerseits die Beseitigung der auf die künstliche Überhöhung des Nationalbegriffes hinzielenden Kräfte und andererseits die Beseitigung der Unterdrückung, die im wesentlichen wiederum eine Folge der künstlichen Überhöhung ist, erforderlich sein.

8. Abschnitt.

Die Bestimmung des Volkscharakters.

Der Kampf um die nationale Frage ist nicht zum mindesten auch eine Folge der mangelhaften Ausprägung bzw. Vermengung der zur Diskussion stehenden Begriffe. Ja, sogar zwei so grundverschiedene Begriffe, wie Staat und Volk sind im Sprachgebrauch vollkommen verwischt. Wenn man die Begriffe Staat und Volk überhaupt unterscheidet, so geschieht das meist in der Form, daß der Konflikt innenpolitisch gesehen wird, so daß Staat = Obrigkeit und Volk = beherrschte Masse gesehen wird. Volk ist also von oben gesehen die „misera plebs contribuens", von unten gesehen „das werktätige Volk", das Volk, dessen Ziel es ist „souverän" zu sein. Diese innenpolitisch sozialen Formulierungen seien hier ganz beiseite gelassen.

Die Gegenüberstellung der Begriffe sei: Staat und Volk (im Sinne Volk = Nation).

Die Begriffsverwirrung ist hier noch sehr groß.

Man spricht z. B. von nationalen Wirtschaftsinteressen, von Volkswirtschaft, während man in beiden Fällen die Wirtschaftsinteressen eines bestimmten Staates bzw. die Staatswirtschaft im Auge hat. Theoretisch kann man materielle Interessen überhaupt nicht als „nationale" im eigentlichen Sinn bezeichnen, wenn natürlich zur Erhaltung der nationalen Eigenart z. B. auch wirtschaftliche Güter notwendig sind. Diese gehören aber nicht zum Nationalbegriff, so wenig wie z. B. zum Begriff der Medizin etwa der Geldgeber für die Verwertung einer bestimmten neuen Erfindung gehört.

In der Praxis kommt die Verwechslung dieser Begriffe wohl daher, daß z. B. in einem Nationalstaat:

1. Bevölkerung = Volk und
2. Volk = Träger des Staates

sein kann.

Der Nationalstaat kann also, wenn er Interessen der Gesamtbevölkerung wahrnimmt, mit gewissem Recht, wenn auch unpräzis im Ausdruck sagen, er nehme „nationale Interessen" wahr.

Ein Staat, der nicht mehr reiner Nationalstaat ist, kann aber bei der Wahrung der Staatsinteressen, vorausgesetzt daß diese der gesamten Staatsbürgerschaft dienlich sind, sagen, er nehme die Interessen der Bevölkerung wahr, oder er nehme die Interessen der Nationen wahr. Meistens ist es leider so, daß er die Interessen des Staates wahrnimmt, wie sie von der den Staat beherrschenden Nation gesehen werden.

Diese fast unlösbare Verknüpfung des Volksbegriffes mit materiellen Interessen ist einer der Gründe, warum die staatsbeherrschenden Völker mit so großen psychischen Widerständen den Forderungen der Völker gegenüberstehen. Sie fürchten, daß die Anerkennung des Nationalcharakters und Nationalrechtes ihrer Minderheiten sie zu weiteren Konzessionen zwingen könnte, die die Integrität ihres Staates bedrohen.

Eine der Grundvoraussetzungen für den Kampf um die nationalkulturelle Freiheit ist deshalb eine möglichst klare Herausstellung der grundlegenden Begriffe.

Ein Unterschied zwischen Volk (= race) und Nation (= nation), wie er für den Franzosen besteht, soll in dieser Arbeit nicht gemacht werden.

Der Begriff des Volkes ist materiell nicht zu erfassen. Er ist ein ideeller, metaphysischer. Er ist zu erfühlen, aber nicht zu erklären.

Immerhin lassen sich zur objektiven Bestimmung, was ein Volk ist, gewisse Anhaltspunkte gewinnen.

Dr. Max Hildebert Böhm definiert Volk: Gemeinsamkeit von Glauben und Blut, Sprache und Sitte, Schicksal und Geist.

Der Wiener Philosoph Prof. Dr. Hans Eibl: Gemeinsamkeit von Blut und Boden, Sprache und Sitte, Schicksal und Bildung.

Dr. Edgar Jung erkennt die Grundlagen der letzten Definition mit Einschränkungen an, legt aber besonderen Wert auf Gemeinsamkeit der Bestimmung im Rahmen der Völker und vor allem Gemeinsamkeit der Art, Gott zu suchen.

Der französische Publizist Maurice Barrès nennt das Volkstum „seelisches Antlitz".

Zweifellos gibt es aber auch Völker, denen die Volkseigenschaft nicht abgesprochen werden kann und die nicht allen Definitionen genügen.

So ist z. B. den Holländern vieles mit den Niederdeutschen gemeinsam, und doch muß man sie als eigenes Volk ansehen. So ist z. B. den Juden weder Boden noch meistenteils Bildung, ja nicht einmal immer Sprache gemeinsam und dennoch erleben wir gegenwärtig eine nationale Renaissance des Judentums in den europäischen Oststaaten. Den Auslandsdeutschen z. B. ist keine Gemeinsamkeit des Bodens und oftmals auch nicht des Schicksals mit ihren Volksgenossen anderer Teile des Sprachgebiets gegeben.

Der Völkerbunds-Berichterstatter de Mello Franco forderte in seinem an anderer Stelle dieser Arbeit ausführlich besprochenen Bericht sogar eine Entstehung des Volkes in jahrhundertelanger umkämpfter Entwicklung.

Wie soll es dann mit Völkern stehen, die erst in der Entfaltung begriffen sind, z. B. erst ihre Schriftsprache und ihren gesamten kulturellen Aufbau ausbilden?

Objektiv wird an Hand der obigen Definitionen zweifellos mit einiger Sicherheit über das Bestehen einer Gemeinschaft als Volk eine Untersuchung möglich sein. Vielleicht wird es auch gelingen, die Volksforschung so weit auszubauen, daß die Grundlagen gefunden werden, auf Grund derer eine Entscheidung über den Volkscharakter möglich ist.

Jedoch scheinen mir bereits die Definitionen des Volksbegriffes von Jung und Barrès zu der Erkenntnis zu führen, daß eine objektive Bestimmung über den Volkscharakter einer Gemeinschaft nicht möglich ist.

Denn wenn auch einem anderen als dem Volksangehörigen eine Untersuchung der Gleichheit von Boden, ev. eine medizinische Untersuchung einer gewissen Gleichartigkeit des Blutes, eine geschichtliche Betrachtung von Schicksal und Sitte möglich ist, so fällt schon die Untersuchung der Sprache in ihrer Unterscheidung vom Dialekt sehr schwer. Bei Blut, Sprache, Schicksal und Sitte sind die Grenzen oft so flüssig, daß eine objektive betrachtende Bestimmung durch widrige Einflüsse leicht zuungunsten eines schwächeren Volkes ausfallen kann.

Wer aber, als das betreffende Volk selbst, kann über den seelischen Einklang seiner Gemeinschaft, über den inneren Gleichklang des Kampfes um Gott entscheiden?

Zu einer rechtlichen Entscheidung über die Volkseigenschaft einer Gemeinschaft wird man deshalb zuverlässig nur auf Grund des Rechtsgedankens der geistigen Freiheit die subjektive Bestimmung der Gemeinschaft selbst heranziehen können. Man kann über die Volkseigenschaft nicht nach biologischen und wissenschaftlichen Untersuchungen entscheiden. Entscheiden muß das Bekenntnis der Lebenden zu ihrer gleichen seelischen Einstellung. Nach dem Bekenntnisprinzip wird man als Volk definieren können:

Volk = eine Willensgemeinschaft, die sich zu gemeinsamen seelischen Werten, mit dem Willen, ein Volk zu bilden, bekennt und selbst die Verantwortung für die Erhaltung und Entfaltung der Werte des Volkstums trägt. Der Inbegriff der seelischen Werte, das Volkstum, kann jeweils nur von einer Volksgemeinschaft getragen werden.

In diesem letzteren Hauptmerkmal des Volksbegriffes, der Auffassung des Volkes als einer Leistungsgemeinschaft zur Gestaltung überpersönlicher, immaterieller seelisch-geistiger Werte liegt die große sittliche Bedeutung der Volksgemeinschaft. Der Dienst an dem nationalen Gedanken in seiner reinsten Form führt den Einzelmenschen zu einer über dem Interesse eigenen Wohlergehens stehenden Bestimmung empor. In dem Dienst am Volkstum findet er den seelischen Halt, der sein Streben von den materiellen Zielen ablenkt und es auf den Kampf um geistig-seelische Werte richtet. So wird letztlich die Verbundenheit mit dem geistigen Gehalt des Volkstums zum Führer des Menschen zur Suche nach den letzten metaphysischen Begriffen, zu Gott.

9. Abschnitt.

Der Internationalismus und seine Krise.

Der Wert des Nationalen ist jedoch durchaus nicht unbestritten. Starke gegnerische Kräfte leugnen diesen Wert und halten die Hervorkehrung nationaler Interessen sogar für destruktiv.

Wir können zwei Richtungen der Anhänger des Internationalismus unterscheiden:

1. Arbeiterbewegungen, die behaupten, der Arbeiter habe kein Vaterland. Es sei das Ziel der nationalen Bewegung den

Arbeiter auszunützen. Der Arbeiter müsse sich dagegen in der Form wehren, daß er seinen Stand in der ganzen Welt einheitlich zusammenfasse, um gegen die ihm entgegenstehenden Klassen wirksam auftreten zu können. „Proletarier aller Länder, vereinigt euch!" ist die Parole dieser Kreise.

2. Pazifisten, die behaupten, die Kriege entstehen infolge der Verschiedenartigkeit und Abgegrenztheit der Nationen. Diese Abgegrenztheit führe zu gegenseitiger Verständnislosigkeit und dem Willen, die Grenzen der Nation zu weiten, also zum imperialistischen Krieg. Nicht die Nation sondern die Menschheit insgesamt sei die Heimat des Menschen.

Grund für die Gegnerschaft zum Nationalen ist also in dem einen Fall der Vorwurf gegen die Nation, sie sei kausal für eine dem Gerechtigkeitsgefühl der Anhänger der betreffenden Bewegung widersprechenden sozialen Schichtung, im zweiten Fall der Vorwurf, die Nation sei kausal für die Vernichtung von Lebenswerten, die die pazifistische Bewegung den nationalen Werten überordnet.

Die aus den betreffenden Bewegungen entstandene Krise des Nationalbegriffes könnte aber schwerlich entstanden sein, wenn nicht die Entstehung und programmatische Verhärtung dieser Bewegungen in eine Zeit fiele, in der gerade die Verquickung von Staatsbegriff und Nationalbegriff ihren Höhepunkt erreicht hat. Denn wenn wir den im vorhergehenden Kapitel definierten Begriff des Volkes zur Grundlage der Untersuchung über die Berechtigung oder Nichtberechtigung des Internationalismus nehmen, so ist zweifellos zu erkennen, daß die gesamte Bewegung von falschen Voraussetzungen ausgeht und mit falscher Front kämpft.

Beide Bewegungen kämpfen gegen die nationale Bewegung, gegen die sie ihre Anklage richten. Was sie treffen wollen, ist aber nicht eine Funktion des Nationalen sondern eine Funktion des omnipotenten Staates.

Zunächst der Internationalismus der proletarischen Bevölkerungsschichten: Der Inhalt des Vorwurfes ist, daß der Lohn der Arbeit (Lohn ist hier im weitesten Sinn, auch im Begriff sozialer Wertung gebraucht) der erbrachten Leistung nicht entspricht, während der Lohn der Arbeit anderer Bevölkerungsschichten das tatsächliche Verdienst übersteige. Daraus wird der Schluß gezogen, daß eine Nation, innerhalb deren die genannte Ungerechtigkeit vorkommen könne, nicht das Anrecht darauf habe, die Betätigung von Nationalgefühl seitens der minderberechtigten Klasse zu verlangen. Man wende sich deshalb an die Minderberechtigten aller Nationen, um gemeinsam seine Ansprüche durchzusetzen. Zweifellos liegt hier die demokratische Einstellung zum Volksbegriff vor: Volk = plebs = Masse im Gegensatz zu „Nation" = Staat = Obrigkeit.

„Vaterland ist etwas für die Reichen" wird diese Einstellung oftmals agitatorisch formuliert. Der Wert des Volkstums ist den Anhängern solcher Theorien meist nicht bewußt, wenn der Begriff dieses Wertes auch unterbewußt vorhanden ist. Die Abstimmungskämpfe in Oberschlesien, die Separatistenabwehr im Rheinland usw. sind Beweise in jüngster Vergangenheit dafür, daß im Fall der direkten Bedrohung des Volkstums der Begriff des Wertes aus dem Unterbewußtsein emporsteigt und zum Willen zur Verteidigung des Volkstums wird.

Was die proletarisch-internationale Bewegung mit ihrem Kampf für den Internationalismus bezweckt, ist also eigentlich eine Auflehnung gegen die Lebensform, die die sozial als ungerecht empfundene Schichtung der Bevölkerung ermöglicht. Im engeren Sinne eine Auflehnung gegen die Obrigkeit des S t a a t e s, die die G e s e t z e e r l ä ß t, in deren Rahmen sich die Regelung der sozialen Beziehungen innerhalb der Staatsbevölkerung vollzieht. Da die Gesetzgebung in den meisten europäischen Staaten in Form von Parlamentsbeschlüssen erfolgt, so richtet sich die in der Minderheit befindliche soziale Bewegung im Grunde genommen gegen die Parlamentsmehrheit, gegen die Gleichung, daß der Wille von 50% der wahlberechtigten Staatsbürger, vermehrt um die Stimme eines Staatsbürgers dem Willen der Gesamtheit der Staatsbürger gleichgeachtet wird. Was sich Kampf für den Internationalismus, also Kampf gegen die Nation nennt, ist in Wirklichkeit ein Kampf gegen dieselbe demokratische Gleichung, gegen die die in Minderheit befindlichen Nationalitäten innerhalb eines Staates ankämpfen, ist der Kampf gegen den omnipotenten Staat und seinen Diktator, die Mehrheit!

Wenn auch die Ziele verschieden sind, so ist taktisch zweifellos ein Gleichklang bezüglich der Ursachenbekämpfung für soziale und nationale Minderheiten vorhanden. Die klugen Diplomaten des roten Rußland haben sich in richtiger psychologischer Erkenntnis diese Tatsachen zu Nutzen gemacht. Unter ihrer Ägide entstand die Entwicklung der Volkstümer (wenn auch in der Prägung des Sowjetsystems) auf dem Boden des alten russischen Weltreiches. Sie sind es, die mit nationalen Versprechungen unterdrückte

Völker in richtiger psychologischer Einschätzung für die Ziele ihrer Politik mobilisieren.

Unverkennbar ist jedoch eines: Daß die Verbreitung der Werte des Volkstums durch starke proletarische Schichtung der Staatsbevölkerung sehr schwer beeinträchtigt ist. Hier liegt der eine Punkt, in dem das Wort, daß der Arbeiter kein Vaterland habe, eine gewisse Berechtigung aufweist: Für die Bildung einer Willensgemeinschaft ist notwendig, daß die Werte erkannt sind, auf deren Erhaltung und Entfaltung sich der Wille der Glieder der Gemeinschaft richten soll. Da aber der Erwerb von Kulturgütern großenteils von der Erbringung wirtschaftlicher Leistungen abhängig ist, so ist es oftmals für proletarisierte minderbemittelte Volkskreise nicht möglich, dieser Werte teilhaftig zu werden, ja es besteht oftmals bewußt auch nicht das Bedürfnis danach, da mit dem Verlassen der Schule die Beziehungen zu kulturellen Werten oft in einem Lebensalter verlorengehen, in dem die Aufnahmefähigkeit für diese Werte noch nicht so ausgebildet ist, daß das Bedürfnis der Weiterbildung begründet wird. So kann das Erfordernis der Gleichheit der Bildung, das Eibl u. a. für das Bestehen eines Volkes fordert, für weite Kreise eines Volkes nicht erfüllt sein. Diese Schichten sind selbstverständlich für den Internationalismus besonders anfällig.

Es hat sich aber schon oft gezeigt, daß sie mit dem Augenblick, in dem Werte angetastet wurden, die auch für sie bewußt bestehen, z. B. die Muttersprache, von dem falschen Ideal des Internationalismus abgerückt sind.

Jeder einzelne Volksangehörige ist nationaler Werte teilhaftig. Aber sein Wille, Leistungen für die Volksgemeinschaft zu erbringen und bewußtes Glied der Gemeinschaft zu sein, beginnt meist erst dann, wenn die Werte des Volkstums einer Gefährdung ausgesetzt werden, deren Besitz ihm bewußt ist.

Die Möglichkeit, ein Volk zu höchster kultureller Leistungsgemeinschaft zu gestalten, beruht also darin, die seelischen Werte des Volkstums allen Volksangehörigen so zugänglich zu machen, daß jeder Volksangehörige eines seiner jeweiligen seelisch-geistigen Fassungskraft entsprechenden Teiles des Volkstums teilhaftig werden kann.

Dieses ist, gemeinsam mit der Erkenntnis darüber, daß nicht das Volkstum eine Veränderung der sozialen Lage hindert, der Weg, um die nationale Krise der proletarisierten Bevölkerungsschichten zu überwinden.

Die genannten Erkenntnisse haben im Verlauf der letzten Jahre so weite Fortschritte gemacht, daß man heute bereits mit Recht von einer Krise des Internationalismus sprechen kann. In vielen Staaten haben die Anhänger des Internationalismus so große Mehrheiten in den gesetzgebenden Körperschaften erlangt, daß sie gezwungen waren, die Verantwortung für die Regierung zu übernehmen und es zeigte sich, daß es ihnen nicht möglich war, im Zeichen des Internationalismus die soziale Frage zu lösen. Als Gegenwirkung erfolgte die Erkenntnis, daß in dem nationalen Gedanken eine Idee bekämpft worden war, die in Wirklichkeit gar nicht das Hindernis zur Lösung der sozialen Frage darstellt.

Außerdem hat die durchwegs national bedrängte Lage von 40 Millionen Angehörigen nationaler Minderheiten auch in den proletarisierten Schichten der Angehörigen der nationalen Minderheiten die Erkenntnis der nationalen Werte gefördert und den Willen zu ihrer Verteidigung gefestigt. Denn fast in allen diesen Gebieten werden auch solche Werte des Volkstums angetastet, die nicht erst durch höhere Bildung erworben werden, sondern schon allein durch das Aufwachsen im Kreise der betreffenden Nation jedem Volksangehörigen gehören.

In ähnlicher Weise erklärt sich die falsche Front des internationalen Pazifismus. Er ist der Ansicht, daß aus der Betätigung des Nationalbewußtseins Kriege entstehen. Da er in der Skala der positiven Werte das menschliche Leben an die erste Stelle setzt, folgert er, daß durch Duldung der gewaltsame Austrag dieser Gegensätze verhindert werden müßte und daß insbesondere die nationale Unduldsamkeit bekämpft werden müßte. Da bei dem gegenwärtigen Stand der Dinge notwendigerweise eine Auflehnung der Nationen gegen Staaten stattfinden muß, die ihre Minderheiten unterdrücken, da also die minderberechtigten Völker zum Angriff gezwungen sind, wird von seiten des internationalen Pazifismus den nationalen Freiheitsbestrebungen die Schuld zugeschoben, national unduldsam zu sein und den Frieden zu gefährden.

Hier liegt die erste falsche Stellungnahme. Denn die Auflehnung der Nationen ist lediglich eine Funktion der Unterdrückung, also der nationalen Unduldsamkeit, die seitens der Staaten geübt wird. Diese nationale Unduldsamkeit aber ist eine Funktion eines falsch aufgefaßten omnipotenten Staatsbegriffes. Wenn der Pazifismus durch die Mahnung, die Unterdrückung zu dulden, um den Frieden zu erhalten, sich an die minderberechtigten Völker wendet, so muß er damit rechnen, daß die unterdrückten Völker diese Mahnung nicht hören werden, da sie ungerecht ist. Eine für einen dauerhaften Frieden tätige Bewegung wird nur dann Erfolg haben können, wenn sie das Unrecht an seiner Wurzel bekämpft, wenn sie also in diesem Fall ihre Front gegen das falsche Staatsideal der Omnipotenz, und besonders ihrer Ausdehnung auf das geistig-seelische Gebiet richtet.

Die Grundlage des Pazifismus muß unbedingt eine nationale sein. Nur ein seelisch nicht ausgehungerter Mensch wird ein friedliches Glied der Menschheit sein. Nur ein gerecht behandelter Mensch wird nicht den Drang nach gewaltsamer Veränderung bestehender Zustände empfinden. Da für Hunderte von Millionen das Volkstum einen unveräußerlichen seelischen Lebensinhalt darstellt, wird niemals der Friede zu erreichen sein, wenn die Heiligkeit des Volkstums nicht allgemein anerkannt ist. Und in Wirklichkeit ist das Volkstum ein Wert, der allgemeiner und gerechter Verteilung zugänglich ist. Er teilt die Eigenschaft aller geistig-seelischen Werte, unbegrenzt zu sein. Während im Reich der materiellen Werte nur eine bestimmte Zahl auf der Welt vorhandener Werte, die nur begrenzter Vermehrung fähig sind, in der Weise zu Gebote stehen, daß die Zuteilung des Wertes an den einen eine gleichzeitige Zuteilung an einen anderen ausschließt (materielles Eigentum), so beeinträchtigt das geistig-seelische Eigentum des einen keineswegs den Besitz des gleichen Eigentums durch einen anderen. Der Vollbesitz des Volkstums einer Nation im Staate beeinträchtigt in keiner Weise die Anerkennung des gleichen Besitzes des Volkstums einer anderen Nation. Mit der ritterlichen Anerkennung des Rechtes jedes Volkes auf den Besitz seines Volkstums und mit der Anerkennung der Freiheit seiner gemeinsamen Pflege fällt eine der gefährlichsten Ursachen für gewaltsame Auseinandersetzungen zwischen den Staaten. Nur die Beseitigung der Ursachen, nicht aber der Versuch, ihre unvermeidlichen Auswirkungen hintanzuhalten, wird dem Pazifismus die Möglichkeit geben, den aus elementarer Gewalt hervorbrechenden Volkskrieg zu verhindern, dessen unverkennbare Sturmzeichen schon heute über Europa stehen.

II. Teil.

Karitativer Minderheitenschutz.

1. Abteilung.

Wilsons nationalstaatliches Programm und sein Zusammenbruch auf der Pariser Konferenz.

Schon im Verlaufe des Weltkrieges verbreitete sich die Anerkennung der Schutzwürdigkeit des nationalen Lebens. Für die wahren Friedensfreunde mag der Grund dafür die Tatsache gewesen sein, daß auch der unmittelbare Anlaß zum Weltkrieg, das Attentat von Sarajewo, auf unbefriedigte nationale Ansprüche zurückgeführt werden kann, für den überwiegenden Teil der Kriegspropagandisten der Ententestaaten war aber für die Propaganda der „Freiheit der Nationen“ der Gesichtspunkt maßgebend, daß dieses Schlagwort einem tiefen Sehnen bei allen national unfreien Völkern entsprach und daß es deshalb psychologisch notwendigerweise diese Völker an die Sache der Entente ketten müsse[1]). Diese Ansicht war richtig. Kaum ein propagiertes Schlagwort hat so rasche Verbreitung gefunden, als das vom Selbstbestimmungsrecht der Völker.

In den bekannten Friedenskundgebungen des Präsidenten Wilson[2]) wird u. a. auch die Achtung vor den berechtigten nationalen Ansprüchen gefordert. Die Berücksichtigung nationaler Gesichtspunkte bei der Festsetzung der Staatsgrenzen ist in den Punkten 9, 10, 11 und 13 seiner 14 Punkte vom 8. Januar 1918 enthalten, in denen Grenzziehung nach dem nationalen Besitzstand für Italien, die Völker Österreich-Ungarns, die Balkanvölker und Polen gefordert wird.

Prinzipiell für alle Völker ist der gleiche Gesichtspunkt in den 4 Punkten vom 11. Februar 1918 ausgesprochen. Der Wort-

---

[1]) Vgl. Ausstellung „Weltkrieg und Propaganda“ (im Besitz der Weltkriegsbücherei in Stuttgart).

[2]) Alcide Ebray, „Der unsaubere Frieden“ (Verlag für Kulturpolitik, Berlin).

laut der die nationale Frage berücksichtigenden Punkte ist folgender:

„daß Völker und Provinzen nicht von einer Staatshoheit zur anderen verschachert werden dürfen, als ob sie bloße Sachen oder Steine in einem Spiele wären, sei es auch in dem nunmehr für immer verrufenen Spiele des Mächtegleichgewichts; sondern

daß jede durch diesen Krieg aufgeworfene Gebietsfrage im Interesse und zugunsten der beteiligten Bevölkerungen gelöst werden muß, und nicht als Teil eines bloßen Ausgleichs oder eines Kompromisses zwischen den Ansprüchen wetteifernder Staaten und

daß alle klar umschriebenen nationalen Ansprüche die weitestgehende Befriedigung finden sollen, die ihnen zuteil werden kann, ohne neue oder die Verewigung alter Elemente von Zwist und Gegnerschaft, die den Frieden Europas und somit der Welt wahrscheinlich bald wieder stören würden, in das Ergebnis aufzunehmen."

Am 4. Juli 1918 formulierte Wilson in einer auf dem Grabe Washingtons gehaltenen Rede einen weiteren die nationalen Probleme betreffenden Friedenspunkt: „Regelung aller Fragen, sowohl der Gebiets- wie der Souveränitätsfragen, der wirtschaftlichen Vereinbarungen und politischen Regelung durch das Volk, das unmittelbar davon betroffen ist und nicht auf der Grundlage des materiellen Interesses oder Vorteils irgendeines anderen Volkes, das eine andere Regelung zur Ausbreitung seines Einflusses oder seiner Herrschaft wünscht."

Dieses Friedensprogramm Wilsons gewann bald eine über eine Präsidentenrede weit hinausragende Bedeutung. Nach vorhergegangenem Notenwechsel[1]) kam am 5. November 1918 zwischen Deutschland und den Vereinigten Staaten von Amerika als Beauftragten der alliierten und assoziierten Mächte die Vereinbarung zustande, auf Grund der Wilsonschen Punkte Frieden zu schließen. Die Friedensverhandlungen sollten nur noch dem Zwecke dienen, das Friedensprogramm Wilsons auf die entsprechenden Einzelfälle anzuwenden. Es kann wohl kein Zweifel darüber bestehen, daß diese Vereinbarung den Charakter eines rechtsgültigen völkerrechtlichen Vertrages hat, daß also die Kriegsgegner Deutsch-

---

[1]) Deutscher Geschichtskalender „Vom Waffenstillstand bis zum Frieden von Versailles" S. 52ff. (Verlag Felix Meiner, Leipzig).

lands die bindende Verpflichtung übernommen haben, alle durch den Frieden erforderlichen neuen Festsetzungen in Europa so vorzunehmen, daß sie keinem Punkt dieses Friedensprogrammes widersprechen.

Dieses Programm läßt allerdings jedes Eingehen auf Einzelheiten vermissen und begnügt sich als Anweisung für die Lösung eines so schweren Problems, wie der nationalen Frage, mit einigen allgemeinen Sätzen. Nicht einmal die Begriffe „Nation", „Volk" sind in klarer Weise formuliert. Es ist deshalb unzweifelhaft, daß schon durch die Auslegung dieser Programmsätze, die in die Hände der siegreichen Mächtegruppe gegeben war, eine Einseitigkeit entstehen konnte. Die tatsächliche Anwendung bzw. eben Nichtanwendung, die die Wilsonpunkte gefunden haben, stellen jedoch einen glatten Bruch dieses Vorfriedensvertrages dar. Das Selbstbestimmungsrecht gelangte nur für wenige Völker zugunsten bevorzugter Staaten in Anwendung, wobei gewöhnlich die genannten Staaten ein weitaus größeres Gebiet erhielten, als ihnen selbst nach dem Votum dieser Völker zukommen würde, während anderen Völkern, zuungunsten benachteiligter Staaten, insbesondere Deutschlands, das Recht auf Selbstbestimmung versagt wurde.

Die größte prinzipielle Unvollständigkeit des Wilsonschen Programmes liegt aber darin, daß nach seinen Punkten das nationale Problem hauptsächlich als ein Problem der Staatsgrenzen erscheint. Es ist in seinem Programm nirgends deutlich darauf hingewiesen, daß die Übereinstimmung von Staats- und Volksgrenzen in weiten Teilen Europas überhaupt nicht möglich ist, und es ist nicht gesagt, welcher Art der Schutz des nationalen Lebens in diesen Gebieten sein soll.

Wenn unter „klarumschriebenen nationalen Ansprüchen" auch die Rechte der nationalen Minderheiten verstanden sein sollen, so ist das zum mindesten viel zu unklar ausgedrückt.

Wilsons Punkte sind eine Anerkennung des nationalstaatlichen Gedankens, nicht aber ein Programm der Unverletzlichkeit nationaler Werte überhaupt.

Es folgte die Pariser Friedenskonferenz. Nicht die Vertreter der Völker sondern die Vertreter der Staaten und auch nur der Siegerstaaten nahmen an der Konferenz gleichberechtigt teil.

Ohne Rücksicht auf ideelle Werte haben sie ein neues Gebilde Europas geschaffen, das eher einem Werk gewinnsüchtiger Immobilienspekulanten als der Schöpfung gestaltender Staatsmänner gleicht. Das nationale Problem blieb sowohl nach dem von Wilson propagierten nationalstaatlichen Gesichtspunkt, wie auch nach dem nationalkulturellen nahezu vollständig ungelöst.

2. Abteilung.

Das Minderheitenrecht des Völkerbundes.

1. Abschnitt.

Vorgeschichte der Verträge.

Über die hinter verschlossenen Türen geführten Pariser Friedensverhandlungen sind noch bei weitem nicht alle Dokumente bekannt, die für ihre abschließende Beurteilung erforderlich wären. Jedoch ist aus dem Text des 3. Wilsonschen Entwurfes der Satzung eines Völkerbundes[1]) (vorgelegt an die Pariser Friedenskonferenz im Januar 1919) ersichtlich, daß die Frage des Minderheitenschutzes in nationalkultureller Auffassung die Konferenz beschäftigt hat.

Unter dem Titel „Ergänzungsverträge" finden wir folgenden Punkt VI:

> „Der Bund wird verlangen, daß sich alle neuen Staaten als Voraussetzung für ihre Anerkennung als unabhängige und autonome Staaten binden und die vollziehende Ratsversammlung wird von allen den Staaten, die Aufnahme in den Bund suchen, das Versprechen fordern,
>
> daß sie all ihren rassemäßigen oder nationalen Minderheiten innerhalb ihres Rechtsbereiches genau dieselbe Behandlung und Sicherheit, sowohl nach dem Gesetz wie in Wirklichkeit, einräumen, die der rassemäßigen und nationalen Mehrheit ihres Volkes gewährt wird."

Für religiöse Minderheiten wird dieser Grundsatz nochmals ausdrücklich in einem nachfolgenden Punkt VII bekräftigt.

Eine Annahme dieses Entwurfes würde also eine Generalisierung des Minderheitenschutzes für alle Mitgliedstaaten des Völkerbundes bewirkt haben.

---

[1]) Treaty of Peace Hearings before the Committee on Foreign Relations U. S. Senate 66the Congr. First Session Sen (oc. 10 Washington 1919, S. 254ff.).

In der endgültig beschlossenen Völkerbundsatzung ist der Schutz der nationalen Minderheiten nicht mehr als eine Aufgabe des Völkerbundes erwähnt.

An Stelle dieses generalisierten Minderheitenschutzes tritt nun die Absicht auf, nur die neu errichteten Staaten, die auf dem ehemaligen Gebiet des zaristischen Rußland und der Donaumonarchie entstanden waren, vertraglich zum Schutz ihrer Minderheiten zu verpflichten. Das Bestehen von nationalen Minderheiten innerhalb dieser Staaten war weder zu verhindern noch zu verleugnen.

Dieser Absicht wurde von dem Komitee der neuen Staaten, das mit der Ausarbeitung entsprechender Minderheitenschutzvorschriften beauftragt war, heftig widersprochen. Die neuen Staaten erklärten sich zwar bereit, Minderheitenschutzbestimmungen anzunehmen, jedoch nur unter der Voraussetzung der Generalisierung des Minderheitenschutzes für alle Staaten. Würden sie allein gebunden, so kämen die Minderheitenverträge einer Verkürzung ihrer Souveränität gleich, sie wären dann beaufsichtigte Staaten zweiter Ordnung und ebenso wären ihre Grenzen Grenzen zweiter Ordnung. Am 16. Juni ist in diesem Sinne ein Memorandum des polnischen Ministerpräsidenten Paderewski an den Präsidenten der Friedenskonferenz, Clemenceau, ergangen.

Clemenceau widersprach der Ansicht der neuen Staaten in einem ausführlichen Antwortbrief an Paderewski[1]), in dem nochmals die Feststellung enthalten war, daß die Annahme der Minderheitenschutzverträge die unumgängliche Bedingung für die Anerkennung der neuen Staaten und die Übertragung der ihnen zugesprochenen Staatsgebiete sei. Im übrigen seien Verträge über Schutz von Minderheiten kein neuer Vorgang. Nur die Form der Garantie sei den neuen Formen des internationalen Lebens, insbesondere der Institution des Völkerbundes angepaßt.

Das Ergebnis dieses Schriftaustausches war die Annahme der Minderheitenverträge, deren erster und in seinen prinzipiellen Punkten für alle übrigen maßgebender am 28. Juni 1919 zwischen den alliierten und assoziierten Hauptmächten (U.S.A., Britisches Reich, Frankreich, Italien, Japan) und Polen[1]) abgeschlossen wurde. Der Abschluß gleichlautender Verträge mit anderen Staaten folgte.

---

[1]) Kraus-Rondiger, Urkunden zum Friedensvertrag von Versailles. I. Teil, S. 760ff.

2. Abschnitt.

Der Vertrag zwischen den alliierten und assoziierten Hauptmächten und Polen über den Schutz der Minderheiten.

Bei der Darstellung des Inhalts des Vertrags sei darauf verzichtet, die Bestimmungen über die Option mit zu behandeln. Die Frage der Handhabung der Option kann zwar bei ev. Revisionsverhandlungen über Friedensverträge wesentlich sein, spielt jedoch bei der Beurteilung des augenblicklichen nationalkulturellen Kampfes eine untergeordnete Rolle. Der Inhalt des Vertrages läßt sich wie folgt zusammenfassen:

a) *Innerstaatliche Geltung des Vertrages:* Polen verpflichtet sich, die Artikel 2—8 als Staatsgrundgesetze anzuerkennen. Kein Gesetz, keine Verordnung oder sonstige amtliche Handlung, die eine Verletzung dieser Artikel bedeuten würde, kann gegen diese Artikel Geltung beanspruchen (Art. 1).

b) *Allgemeiner Grundsatz des Vertrages:* „Die polnische Regierung verpflichtet sich, allen Einwohnern ohne Unterschied der Geburt, der Staatsangehörigkeit, der Sprache, des Volkstums und der Religion den umfassendsten Schutz ihres Lebens und ihrer Freiheit zu gewähren. Alle Einwohner Polens sollen das Recht auf freie private und öffentliche Ausübung jedes Bekenntnisses, jeder Religion oder Weltanschauung haben, deren Betätigung nicht mit der öffentlichen Ordnung und den guten Sitten unvereinbar ist“ (Art. 2).

c) *Rechte des einzelnen Staatsbürgers:* „Alle polnischen Staatsbürger sind vor dem Gesetze gleich und genießen ohne Unterschied des Volkstums, der Sprache und der Religion die gleichen bürgerlichen und staatsbürgerlichen Rechte.“ Der Unterschied der Religion, der Weltanschauung (croyance) und des Bekenntnisses darf keinem polnischen Staatsangehörigen im Genusse seiner staatsbürgerlichen und bürgerlichen Rechte schaden, insbesondere seiner wirtschaftlichen Stellung (öffentliche Ämter, Zulassung zu Berufen und Gewerben) nicht abträglich sein. „Kein polnischer Staatsangehöriger darf in dem freien Gebrauch einer beliebigen Sprache irgendwie beschränkt werden, weder in seinen persönlichen oder wirtschaftlichen Beziehungen, noch auf dem Gebiete der Religion, der Presse oder bei Veröffentlichungen jeder Art, noch endlich in öffentlichen Versammlungen. Unbeschadet des Rechts der polnischen Regierung, eine Staats-

[1]) Kraus, Dokumente, S. 50ff.

und Amtssprache zu bestimmen, müssen den fremdsprachigen polnischen Staatsangehörigen für den schriftlichen oder mündlichen Gebrauch ihrer Sprache vor den Gerichten angemessene Erleichterungen gewährt werden" (Art. 7).

d) *Rechte einer Vielheit von Staatsbürgern.* „Die polnischen Staatsangehörigen, die zu einer völkischen, religiösen oder sprachlichen Minderheit gehören, sollen die gleiche Behandlung und die gleichen rechtlichen und tatsächlichen Sicherheiten genießen, wie die übrigen polnischen Staatsangehörigen. Sie werden insbesondere ein gleiches Recht haben, auf ihre Kosten wohlfahrtsreligiöse oder soziale Einrichtungen sowie Schulen und andere Erziehungsanstalten zu errichten, zu leiten, und zu beaufsichtigen und in ihnen ihre Sprache frei zu gebrauchen und ihre Religion frei auszuüben (Art. 8).

Diesen Mußvorschriften, die zum Staatsgrundgesetz erhoben werden, folgt eine Reihe von Vorschriften, die nicht Staatsgrundgesetz sind, hauptsächlich über die Fragen des Schulunterrichtes in den Staatsschulen.

e) *Minderheiten und öffentlicher Unterricht.* „Auf dem Gebiete des öffentlichen Unterrichts soll die polnische Regierung in den Städten und Bezirken, in denen fremdsprachige polnische Staatsangehörige in beträchtlichem Verhältnis wohnen, angemessene Erleichterungen schaffen, um sicherzustellen, daß den Kindern dieser polnischen Staatsangehörigen in den niederen Schulen der Unterricht in ihrer eigenen Sprache erteilt wird. Diese Bestimmung soll nicht ausschließen, daß die polnische Regierung in diesen Schulen die polnische Sprache zum Pflichtfach macht. Es soll sichergestellt werden, daß diese Minderheiten einen gerechten Anteil am Genuß der Summen erhalten, die aus öffentlichen Mitteln für Erziehung, Religion und Wohlfahrt aufgewendet werden. Dieser Artikel gilt nur für die deutschen Minderheiten, die auf ehemals deutschem Staatsgebiet wohnen" (Art. 9).

f) *Garantie der Minderheitenschutzverpflichtungen.* Polen verpflichtet sich, die Garantie des Völkerbundes für die Ausführung des Vertrages anzuerkennen (Art. 12). Siehe auch 5. Abschnitt.

3. Abschnitt.

Gleichartige Bindungen anderer Staaten.

Der Minderheitenschutzvertrag der alliierten und assoziierten Hauptmächte mit Polen wurde für die meisten übrigen Minderheitenschutzverträge zur Vorlage genommen, die diesem Vertrag in den oben genannten Schutzbestimmungen fast durchwegs wörtlich nachgebildet sind.

Es sind dies folgende Verträge:

Für Österreich: Friedensvertrag von St. Germain, 10. Sept. 1919 (Art. 62, 63, 66, 67, 68, 69).

Für die Tschecho-Slowakei: Vertrag mit den A. A. Hauptmächten vom 10. Sept. 1919 (Art. 1, 2, 7, 8, 9, 14).

Für Südslawien: Vertrag mit den A. A. Hauptmächten vom 10. Sept. 1919 (Art. 1, 2, 7, 8, 9, 11. Anwendung des Art. 9 auf die nach dem 1. Jan. 1913 von Südslawien erworbenen Gebiete beschränkt).

Für Bulgarien: Friedensvertrag von Neuilly vom 27. Nov. 1919 (Art. 49, 50, 53, 54, 55, 57).

Für Rumänien: Vertrag mit den A. A. Hauptmächten vom 9. Dez. 1919 (Art. 1, 2, 8, 9, 10, 12. Erweiterungsbestimmung für eine Autonomieschule und der religiösen Einrichtungen für die Szekler und die Sachsen in Siebenbürgen in Art. 11).

Für Ungarn: Friedensvertrag von Trianon vom 4. Juni 1920.

Für Griechenland: Vertrag mit den A. A. Hauptmächten 10. Aug. 1920.

Für Danzig: Danzig-polnische Konvention 9. Nov. 1920.

Für Albanien: Albanische Minderheitenerklärung 20. Okt. 1921, Art. 1, 2, 4 (4 mit dem Zusatz, daß in Albanien ein Wahlsystem angewandt wird, das den Minderheitsrechten Rechnung trägt), 5, 6, 7.

Für Litauen: Litauische Minoritätenerklärung vom 12. Mai 1922, Art. 1, 2, 3, 4, 5, 6, 9.

Für die Türkei: Friedensvertrag von Lausanne vom 24. Juli 1923, Art. 37 und 38. (Diese Artikel entsprechen aber nur den Art. 1 und 2 I und II des Abkommens mit Polen.)

Für die beiden Teilungsgebiete des oberschlesischen Abstimmungsgebiets: Deutsch-polnisches Oberschlesienabkommen vom 15. Mai 1922. Neu ist in diesem Abkommen die Übernahme gleichartiger Verpflichtungen, wie sie Polen durch das Abkommen mit den A. A. Hauptmächten übernommen hat, durch Deutschland für das deutsche Teilgebiet. Art. 65, 66, 67, 68, 69, 72. Ferner enthält das Abkommen eine ganze Reihe Sondervorschriften, die genaue Ausführungsbestimmungen der genannten Verpflichtungen enthalten. Darauf wird näher einzugehen sein.

Allen diesen Verträgen ist selbstverständlich gemeinsam, daß der Abs. III des Art. 9 des polnischen Abkommens in ihnen fehlt.

4. Abschnitt.

Das deutsch-polnische Abkommen über Oberschlesien vom 15. Mai 1922[1]).

Nach der endgültigen Teilung Oberschlesiens und der Übertragung der Teile an Deutschland und Polen war es erforderlich, zwischen Deutschland und Polen ein Abkommen zu treffen, das die Schäden der Auseinanderreißung dieses organisch einheitlichen Gebietes auf ein möglichst geringes Maß herabsetzen sollte. Der dritte Teil dieses Abkommens beschäftigt sich mit dem Schutz der Minderheiten.

Zunächst ist festgestellt, daß die Minderheiten prinzipiell nach den Grundsätzen des Minderheitenvertrages vom 28. Juni 1918 behandelt werden sollen. Darüber hinaus sind aber auch Bestimmungen getroffen, die eine weitherzige Ausführung dieser Bestimmungen de jure garantieren, insbesondere, daß für die Bestimmung der Zugehörigkeit zu einer Nationalität das reine Bekenntnisprinzip in Kraft zu setzen ist. Es hat sich allerdings gezeigt, daß auch diese Bestimmungen von polnischer Seite nicht immer geachtet wurden, so daß der Erfolg de facto dem Rechtszustand nicht überall entspricht. Da dieser Vertrag nur für eine verhältnismäßig kleine Anzahl von Minderheitangehörigen Gültigkeit hat, muß auf eine eingehende Darstellung seines Inhaltes verzichtet werden. Es sei nur so viel festgestellt, daß eine loyale Auslegung der Minderheitenverträge des Völkerbundes ungefähr dem entsprechen müßte, was in diesem Abkommen im einzelnen als Recht der Nationalitäten festgesetzt ist.

5. Abschnitt.

Das Minderheitenverfahren.

a) Die Verankerung des Verfahrens in den Verträgen.

In den vorausgegangenen Kapiteln wurde der materielle Inhalt des Minderheitenrechts des Völkerbundes erläutert. Diesem materiellen Recht ist auch die Möglichkeit eines Verwirklichungsverfahrens zur Seite gegeben. Die Grundlage für den Minderheitenprozeß ist im Vertrag vom 28. Juni 1919 der Art. 12, in allen anderen Verträgen der jeweils diesem entsprechende Artikel. Nach diesem Artikel haben die verpflichteten Staaten anzuerkennen:

---

[1]) Kraus, Dokumente, S. 126ff.

1. Daß die Minderheitenverträge Verpflichtungen von internationalem Interesse begründen und der Garantie des Völkerbundes unterstellt werden;
2. daß jedes Mitglied des Völkerbundsrates befugt ist, die Aufmerksamkeit des Rates auf jede Verletzung oder Gefahr einer Verletzung der Minderheitenverträge zu lenken (signaler au conseil tout in fraction ou danger d'intraction);
3. daß der Rat befugt ist, alle Weisungen zu erteilen und alle Maßnahmen zu treffen, die nach der Lage des Falles zweckmäßig und wirksam erscheinen (sc. um den Verträgen Geltung zu verschaffen);
4. daß im Fall einer Meinungsverschiedenheit über die rechtlichen oder tatsächlichen Fragen des Minderheitenschutzes auf Grund der Verträge, die zwischen dem verpflichteten Staat und den Vertragsgläubigern oder Garanten entsteht, diese Meinungsverschiedenheit als Streit im Sinne des Art. 14 der Völkerbundssatzung anzusehen ist. Die verpflichtete Regierung ist damit einverstanden, daß ein solcher Streit auf Verlangen des anderen Teiles der endgültigen Entscheidung des ständigen Internationalen Gerichtshofes im Haag unterbreitet wird, dessen Entscheidung die gleiche Kraft wie eine auf Grund des Art. 13 der Völkerbundssatzung gefällte Entscheidung haben soll.

   Der hier eintretende Art. 13 der Völkerbundssatzung bestimmt, daß, falls die Entscheidung des Internationalen Gerichtshofes nicht ausgeführt wird, der Völkerbundsrat Maßnahmen, die dazu geeignet sind, die verpflichteten Staaten zur Ausführung anzuhalten, vorschlagen kann. Es kommen hier insbesondere wirtschaftliche Zwangsmaßnahmen gegen den vertragsbrüchigen Staat in Frage.[1])

Diese Bestimmungen stellen jedoch noch keine ausführbare Prozeßordnung dar, sondern lediglich den Rahmen, innerhalb welchem sich das Verfahren zu halten hat. Die Prozeßbestimmungen sind erst mit der Zeit in Form von Beschlüssen der Völkerbundsversammlung und des Völkerbundsrates ergangen. Diese Beschlüsse schaffen kein dauerndes Recht, sondern sind stets durch neue Beschlüsse ergänzungs- und abänderungsfähig. Die laufenden Beschlüsse, die das Minderheitenverfahren festgelegt

---

[1]) Wehberg, Die Völkerbundssatzung, S. 85ff. (Hensel & Co., Verlag, Berlin 1927).

haben, haben meistenteils eine immer stärkere Komplikation und immer größere Verzögerung des Verfahrens mit sich gebracht.

b) Grundlegende Beschlüsse der Organe des Völkerbundes zur Verfahrensfrage. (Ausführungsbestimmungen zum Art. 12 und mut. mut.)

Am 22. Oktober 1920 nahm der Völkerbundsrat einen Bericht des italienischen Delegierten Tittoni über das Minderheitenverfahren entgegen[1]) und nahm die darin enthaltenen Vorschriften durch Beschluß an. Nach diesem Bericht stellt sich das Verfahren folgendermaßen dar:

Das Recht der Ingangsetzung des Verfahrens kommt ausschließlich den Mitgliedern des Rates zu. Doch ist das Recht der Minderheiten, Informationen und Petitionen an den Völkerbund zu richten, dadurch nicht ausgeschlossen. Die nicht von einem Mitglied des Völkerbundsrates stammenden Eingaben und Informationen, die die Minderheitenverträge betreffen, müssen vom Generalsekretär des Völkerbundes ohne Kommentar den Ratsmitgliedern zur Kenntnis gegeben werden. Die Überreichung der Eingaben begründet aber noch kein juristisches Tätigwerden des Völkerbundes oder seiner Organe. Die Kompetenz des Rates, sich mit der Frage zu beschäftigen, wird erst begründet, wenn ein Mitglied des Rates den Rat auf den Bruch oder die Gefahr des Bruches des Vertrages, der Gegenstand der Eingabe ist, aufmerksam gemacht hat. Zur gleichen Zeit, wie der Rat, werden auch alle Staaten, die Mitglieder des Völkerbundes sind, und damit auch der verpflichtete Staat, sofern der Bundesmitglied ist, von dem Dokument in Kenntnis gesetzt. Der verpflichtete Staat kann den Ratsmitgliedern seine Betrachtungen über die Eingabe, die er für wünschenswert hält, mitteilen. Die Mitteilung des Dokuments hat aber nicht den Charakter einer Rückfrage seitens des Völkerbundes und begründet für den verpflichteten Staat nicht die Notwendigkeit, Dokumentationen zu seiner Verteidigung vorzunehmen. Erscheint das Eingreifen des Völkerbundes dringend, so muß der Generalsekretär den Ratsmitgliedern die Eingabe telegraphisch mitteilen. Jede Ratsmacht kann daraufhin die dringende Einberufung des Rats fordern. Diese Vorschrift soll vor allem einer plötzlichen Minderheitenunterdrückung vorbeugen.

Wenige Tage später, am 25. Okt. 1920 ergeht ein weiterer Ratsbeschluß[2]) in der Verfahrensfrage, dem der sog. „Dreierausschuß" seine Entstehung verdankt. Sein Inhalt ist folgender:

Um den Ratsmitgliedern die Ausübung ihrer Rechte im Minderheitenverfahren zu erleichtern, ist es wünschenswert, daß der Präsident des Rates und zwei von ihm bestimmte Ratsmitglieder jede die Minderheitenverträge betreffende Eingabe sofort, nachdem sie zur Kenntnis des Rates gebracht ist, einer Prüfung unterziehen.

Nähere Vorschriften über die Beteiligung des interessierten Staates (interessierter Staat im Sinne der Ratsbeschlüsse in Minder-

[1]) Journal offiziel Nr. 8 (Nov.-Dez. 1920), S. 8f.

[2]) Abgedruckt: Kraus, Dokumente, S. 109ff.

heitenfragen — der Staat, auf dessen Gebiet die vertraglich geschützte Minderheit wohnt) finden sich in dem Ergänzungsbeschluß[1]) zu dem Beschluß vom 22. Okt. 1920, der am 27. Juni 1921 angenommen wurde. Der Beschluß enthält folgende Vorschriften:

Jede den Minderheitenschutz betreffende Forderung, die nicht von einem Ratsmitglied des Völkerbundes herrührt, ist sofort dem interessierten Staat mitzuteilen, der den Generalsekretär binnen 3 Wochen, gerechnet von dem Tag an, an dem sein Vertreter beim Generalsekretariat den Text der Forderung erhalten hat, darüber unterrichtet, ob der Staat sich vornimmt, seine Bemerkungen zu diesem Gegenstand vorzubringen. Antwortet der Staat binnen dieser Frist nicht oder verzichtet er auf derartige Vorbringungen, so wird die Eingabe laut dem Bericht Tittonis den Bundesmitgliedern mitgeteilt. Wünscht der Staat aber seine Bemerkungen vorzubringen, so steht ihm dafür eine Frist von 2 Monaten, gerechnet von dem Tag an, an dem sein Vertreter beim Generalsekretariat die Eingabe erhalten hat, zur Verfügung. Nach Empfang der Bemerkungen teilt der Generalsekretär die Eingabe zugleich mit den Bemerkungen den Bundesmitgliedern mit. In Fällen von ungewöhnlicher Dringlichkeit muß der Generalsekretär die Eingabe dem interessierten Staat mitteilen, bevor sie den Bundesmitgliedern mitgeteilt wird.

In der Resolution der Plenarversammlung des Völkerbundes vom 21. Sept. 1922[2]) sind ebenfalls wesentliche Punkte für das Minderheitenverfahren enthalten:

Die Völkerbundsversammlung empfiehlt, bei rechtlichen oder tatsächlichen Meinungsverschiedenheiten über Fragen des Minderheitenschutzes zwischen dem interessierten Staat und einem Ratsmitglied, ohne unnützliche Verzögerung die Entscheidung des Ständigen Internationalen Gerichtshofes anzurufen. Das Völkerbundssekretariat, das zur Unterstützung der Tätigkeit des Rats die Informationen über die Ausführung der Minderheitenverträge zu sammeln hat, soll auch darüber unterrichtet sein, in welcher Weise die Minderheiten ihrer Loyalitätspflicht gegenüber dem Staat nachkommen.

Der wichtigste Beschluß des Völkerbundsrates in der Verfahrensfrage ist am 5. Sept. 1923[3]) ergangen. Der Beschluß setzt fest:

Um dem Verfahren vom 22. Okt. 1922 unterworfen zu werden (Mitteilung an die Ratsmächte und Mitgliedsstaaten des Völkerbundes), müssen die in Minderheitensachen an den Völkerbund gelangenden Eingaben folgenden Anforderungen genügen: Sie dürfen nicht die Bitte um Veränderung der politischen Zugehörigkeit der Minderheit zum Gegenstand haben, sie dürfen nicht anonym sein und nicht aus schlecht angegebener Quelle stammen, sie dürfen nicht in beleidigender Form (sans violence de langage) abgefaßt sein, sie dürfen nicht Fragen behandeln, die erst vor kurzer

---

[1]) Abgedruckt: Kraus, Dokumente. Original, Journal officiel Sept. 1927, S. 115ff.

[2]) Abgedruckt: Kraus, Dokumente, S. 163ff.
Original: Journal Officiel, Supplement special Nr. 9, Okt. 1922.

[3]) Abgedruckt: Kraus, Dokumente, S. 186ff.
Original: Journal Officiel Nov. 1923.

Zeit Gegenstand eines ordentlichen Verfahrens gewesen sind. Falls der interessierte Staat gegen die Zulässigkeit der Eingabe Einwendungen erhebt, so wird die Zulässigkeitsfrage vom Ratspräsidenten, ev. unter Zuziehung zweier weiterer Ratsmitglieder geprüft. Auf Verlangen des interessierten Staates kann diese Frage auf die Tagesordnung des Rates gesetzt werden. Die Frist von 2 Monaten, binnen deren die interessierte Regierung ihre Bemerkungen zu der Eingabe an den Rat mitteilen kann, kann auf ihr Ersuchen durch den Ratspräsidenten verlängert werden, sofern die Umstände es notwendig erscheinen lassen. Die Mitteilung der Eingabe nebst den Einwendungen des interessierten Staates erfolgt nur noch an die Ratsmitglieder. Sie kann allen Bundesmitgliedern oder der Öffentlichkeit auf Verlangen des interessierten Staates oder auf Grund eines Ratsbeschlusses mitgeteilt werden. Die Prüfung der Eingaben neben den Einwendungen des interessierten Staates durch den Dreierausschuß hat einzig und allein die Frage zum Gegenstand, ob festgestellt werden soll, daß für ein oder mehrere Ratsmitglieder Anlaß vorhanden ist, die Aufmerksamkeit des Rates auf einen Bruch oder die Gefahr eines Bruches der Bestimmungen der Minderheitenverträge zu lenken. Durch die Bestimmungen über den Dreierausschuß bleibt aber das Recht jedes Ratsmitgliedes, die Befassung des Rates mit der Frage zu fordern, unberührt. Ergänzend beschließt der Völkerbundsrat am 26. September 1923, daß die Regierung jedes dem Völkerbund angehörenden Staates vom Sekretariat verlangen kann, ihr die Eingaben nebst den Einwendungen mitzuteilen, die dem Rat mitgeteilt wurden.

Die Verfahrensordnung in ihrer heutigen Geltung wird durch einen Völkerbundsratsbeschluß vom 10. Juni 1925 vollendet[1]), der sich wie folgt mit der Zusammensetzung des Dreierausschusses befaßt:

Mitglied des Dreierausschusses darf kein Vertreter eines Staates sein, der entweder:

1. der Staat ist, dessen Staatsangehörigkeit die Minderheit besitzt, von der die Eingabe handelt,
2. der ein dem unter 1 genannten Staat benachbart ist,
3. dessen Bevölkerungsmehrheit in völkischer Hinsicht dem gleichen Volk angehört, wie die fragliche Minderheit.

Trifft diese Ablehnung auch den Präsidenten des Rates selbst, so wird sein Amt von dem Ratsmitglied ausgeübt, das vor ihm die Funktion des Ratspräsidenten ausgeübt hat und nicht gegen die Ausschließungsbestimmungen verstößt. Die Ernennung der zwei hinzutretenden Ratsmitglieder erfolgt von vorneherein unter Berücksichtigung der vorliegenden Resolution.

c) *Der Gang des Verfahrens über die Beschwerde einer Minderheit.*

Nimmt man sämtliche hier genannten Resolutionen zusammen, so ergibt sich die Festsetzung des folgenden Verfahrens:

1. Die Eingabe der Minderheit oder einer nicht dem Rate angehörenden Macht, die den vertragsmäßigen und der Garantie des

[1]) Abgedruckt: Kraus, Urkunden, S. 216ff.
Original: Journal officiel, 6. Jahrg., Nr. 7.

Völkerbundes unterstellten Minderheitenschutz zum Gegenstand haben muß, wird dem Generalsekretär des Völkerbundes eingereicht.

2. Der Generalsekretär prüft, ob die Eingabe gegen keine der Zulässigkeitsvoraussetzungen verstößt.

3. Nimmt der Generalsekretär die Zulässigkeit an, so teilt er die Eingabe sofort dem interessierten Staat mit.

4. Der interessierte Staat kann entweder:

a) Gegen die Zulässigkeit Widerspruch erheben. Dann muß zunächst durch den Ratspräsidenten, ev. unter Zuziehung von zwei weiteren Ratsmitgliedern, die Zulässigkeit geprüft werden. Unter Umständen muß sogar die Zulässigkeitsfrage vom ganzen Rat entschieden werden oder

b) binnen 3 Wochen nicht antworten oder auf Bemerkungen zu der Eingabe verzichten. Dann nimmt das Verfahren sofort laut Punkt 5 seinen Fortgang oder

c) nach der binnen 3 Wochen abgegebenen Erklärung, daß er Bemerkungen vorzubringen wünscht, binnen einer Frist von 2 Monaten (nicht aber weiteren Frist!) diese Bemerkungen an den Generalsekretär des Völkerbundes eingeben. Diese Frist kann er sich vom Ratspräsidenten verlängern lassen. Eine solche Verlängerung wird insbesondere stattfinden, wenn glaubhaft gemacht wird, daß sich der Streitfall inzwischen erledigt.

5. Nachdem die Rückäußerungen des interessierten Staates nach Fristverstreichung oder Verzicht nicht eingelaufen oder fristgerecht eingelaufen sind und die Zulässigkeit der Eingabe bejaht ist, prüft der formgerecht nach der Entschließung des Rates vom 10. Juni 1925 zusammengesetzte Dreierausschuß, ob für ein oder mehrere Mitglieder des Rates Anlaß gegeben ist, die Aufmerksamkeit des Rates auf eine Verletzung oder die Gefahr einer Verletzung des vertragsmäßigen Minderheitenschutzes zu lenken.

6. Ein Ratsmitglied macht das Minderheitenverfahren über den Gegenstand der Eingabe rechtlich beim Rat anhängig, indem es entweder:

a) Die Entscheidung des Völkerbundsrates verlangt oder

b) die Anrufung der Entscheidung des ständigen internationalen Gerichtshofes verlangt.

7. Hat das betreffende Ratsmitglied den Weg, wie zu 6a angegeben, beschritten, und wird der Streitfall nach dem Urteil eines Ratsmitgliedes durch die Ratsentscheidung nicht erschöpfend geregelt, so kann als letzte Instanz, auch nach erfolgter Stellungnahme des Rats, die endgültig bindende Entscheidung des Ständigen Internationalen Gerichtshofes angerufen werden.

d) Das Minderheitenverfahren nach dem deutsch-polnischen Oberschlesienabkommen[1]).

Eine andere Behandlung von Minderheitenbeschwerden ist für Beschwerden der Minderheiten des oberschlesischen Abstimmungsgebietes für die Zeit der Wirksamkeit (1922—1937) des deutsch-polnischen Oberschlesienabkommens vereinbart. Hier ist, wenn auch noch in unvollkommener Weise, der Minderheit die Möglichkeit einer Einwirkung auf den Gang des Verfahrens gegeben. Während beim üblichen Minderheitenverfahren zur Verwirklichung der vertragsmäßigen Minderheitenrechte die Minderheiten selbst keinen Rechtsanspruch auf Ingangsetzung des Verfahrens erheben können, ist dieser Anspruch den Minderheiten im oberschlesischen Abstimmungsgebiet laut Teil III, Titel III des Oberschlesienabkommens gegeben. Der III. Titel befaßt sich mit Eingaben und Rechtsmitteln. Hier ist zu unterscheiden: 1. die direkte Anrufung des Völkerbundsrates und 2. das Verfahren vor den vertraglich eingesetzten, ausführenden Organen der Überwachung des Minderheitenschutzes in Oberschlesien, einschließlich des Rechtes, den Völkerbundsrat als letzte Instanz anzurufen.

Das erstere Verfahren spielt sich laut Art. 147 des Abkommens wie folgt ab: Die Minderheit richtet die Eingabe an den Völkerbund. Der Völkerbund übersendet sie der Regierung des interessierten Staates, die sie mit oder ohne Bemerkungen an den Völkerbund zurückgehen läßt. Der Völkerbund muß sich dann mit der Eingabe in gleicher Weise befassen, als ob ein Mitglied des Völkerbundsrates die Ingangsetzung des Verfahrens gefordert hätte.

Das zweitgenannte Verfahren vor den Instanzen des Oberschlesienabkommens ist in den Art. 148ff. geregelt. Deutschland und Polen richten hiernach in den ihnen zugesprochenen Teilgebieten Oberschlesiens je ein Minderheitenamt ein, dem die Überwachung des vertragsmäßigen Minderheitenschutzes obliegt. Die Minderheiten können an diese Ämter Eingaben richten, unter der Voraussetzung, daß der sonst geltende Instanzenzug erschöpft ist oder verzögert wurde. Gelingt es dem Minderheitenamte nicht, die Vertragsverletzung zu beseitigen und die Minderheit zufrieden zu stellen, so gibt es die Eingabe mit seinen eigenen Bemerkungen an den Präsidenten der Gemischten Kommission für Oberschlesien weiter. (Der Präsident der Gemischten Kommission — gegenwärtig der Schweizer Altbundesrat Calonder — darf weder die deutsche noch die polnische Staatsangehörigkeit besitzen und wird auf Ersuchen der deutschen und der polnischen Regierung vom Völkerbundsrat ernannt.)

Vor dem Präsidenten findet nun ein einem ordentlichen Gerichtsverfahren großenteils nachgebildetes kontradiktorisches Verfahren statt. Die Entscheidung obliegt aber dem Präsidenten allein, der als „Einzelrichter" urteilt.

Das nicht öffentliche Verfahren endet damit, daß der Präsident seine Stellungnahme dem zuständigen Minderheitsamt mitteilt. Die Stellungnahme

---

[1]) Kraus, Urkunden, S. 159ff.

kann auf eine endgültige, vorläufige, oder teilweise Lösung lauten. Daraufhin übermittelt das Minderheitenamt der zuständigen Verwaltungsbehörde die Stellungnahme des Präsidenten und unterrichtet diesen sobald als möglich darüber, wie die zuständige Verwaltungsbehörde die Angelegenheit erledigt hat und inwieweit sie seine Stellungnahme berücksichtigt hat. Falls die Erledigung die Antragsteller nicht befriedigt, haben sie das Recht, an den Völkerbundsrat zu appellieren.

Bei ihrem Eintreffen beim Völkerbundsrat wird die Eingabe so behandelt, als wenn sie von einem Ratsmitglied des Völkerbundes eingebracht worden wäre, und die Stellungnahme des interessierten Staates bereits erfolgt wäre.

6. Abschnitt.

Auslegung des Minderheitenschutzes in Verlautbarungen des Völkerbundes.

Da das gesamte Minderheitenrecht der Verträge, die Schutzverpflichtungen von internationalem Interesse begründen, der Garantie des Völkerbundes unterstellt ist, und da das Verfahren, das zu ihrer Verwirklichung vorgesehen ist, sich vor den Organen des Völkerbundes abspielt, so ist die Interpretation der Verträge innerhalb des Völkerbundes von besonderem Interesse für die Beurteilung der Möglichkeiten ihrer Wirksamkeit. Der oftmals nicht klare Wortlaut der Verträge, das mangelhafte Eingehen in Einzelheiten des Schutzes macht oftmals eine sehr verschiedene Auslegung des Vertragsinhalts möglich. Leider hat, wie später dargetan wird, in der Praxis des Völkerbundes in Minderheitenfragen eine Auffassung über den Zweck der Verträge und über die gegebene Notwendigkeit des Einschreitens des Völkerbundes Platz gegriffen, die hinter den Anforderungen, die man als eine billige, und Staaten und Völkern gerecht werdende Auslegung stellen muß, bei weitem zurückbleibt. Auch die richtungsweisenden Auslegungsmaterialien des Völkerbundes lassen oftmals die Auffassung erkennen, daß der in den Minderheitenverträgen festgelegte Schutz als ein Maximum und nicht als das mindestens zu gewährleistende Grundrecht betrachtet wird. Als Auslegungsmaterialien, die eine gewisse offizielle Stellungnahme des Völkerbundes enthalten, kommen in Frage:

a) Beschlüsse und Entschließungen von Organen des Völkerbundes;

b) Erklärungen von Völkerbundsdelegierten, insbesondere von Berichterstattern, die vom Völkerbundsrat zur Bearbeitung der Minderheitenfragen eingesetzt wurden;

c) Entscheidungen des Völkerbundsrates und des ständigen Internationalen Gerichtshofes in Minderheitenfragen.

a) Der Tittoni-Bericht.

Der erste bemerkenswerte Referentenbericht, der zugleich durch Beschluß des Völkerbundsrates vom 22. Okt. 1920 sanktioniert wurde, ist der bereits bei der Darstellung des Minderheitenverfahrens besprochene Bericht des italienischen Delegierten Tittoni.[1]) Nach Darstellung der einzelnen in den Minderheitenverträgen von den interessierten Staaten übernommenen Verpflichtungen geht Tittoni in dem Bericht dazu über, den genauen Sinn der „Garantie des Völkerbundes" zu definieren. Er bemerkt hiezu:

„Es erscheint selbstverständlich, daß die Bestimmungen über die Minderheiten unberührbar sind: d. h., daß sie nicht in einem Sinne geändert werden können, der irgendwie die gegenwärtig anerkannten Rechte beeinträchtigt, und nicht ohne Zustimmung der Mehrheit des Völkerbundsrates. Weiter bedeutet diese Bestimmung, daß der Völkerbund sich versichern muß, daß die Bestimmungen des Minderheitenschutzes beständig ausgeführt werden. Der Rat muß in Tätigkeit treten im Falle eines Bruches, oder der Gefahr eines Bruches der Minderheitenschutzbestimmungen."

Interessant ist in dem Bericht auch die Auslegung des Rechtes der Ratsmitglieder, das Verfahren in Gang zu setzen. Tittoni sagt hier:

„Das Recht, den Vertragsbruch oder die Gefahr eines solchen anzuzeigen, ist den Mitgliedern des Rates vorbehalten. Es handelt sich hier in gewissem Sinne um ein Recht und um eine Aufgabe der im Rat vertretenen Mächte: durch das Recht sind sie in Wirklichkeit aufgefordert, dem Minderheitenschutz ein ganz besonderes Interesse entgegenzubringen."

Tittoni ist also der Ansicht, daß bei loyaler Ausführung der Verträge dieses Recht der Anzeige nicht zu willkürlichem Gebrauch durch die Ratsmächte angewandt werden soll, sondern daß in dem Recht die Verpflichtung begründet liegt, in jedem Fall, in dem es gegeben ist, davon Gebrauch zu machen. Durch die Annahme des Berichtes hat sich der Völkerbundsrat diese Auffassung zu eigen gemacht.

b) Die Beschlüsse der 3. Vollversammlung des Völkerbundes.

Weitere Handhaben der Auslegung der Minderheitenverträge finden sich in der Resolution der III. Plenarversammlung des Völkerbundes vom 21. Sept. 1922.[2]) Der Absatz I der Resolution lautet:

„Wenn es auch notwendig ist, daß in Fällen eines schweren Bruchs der Minderheitenverträge der Völkerbundsrat sein volles Recht des unmittelbaren Eingreifens behält, erkennt die Versammlung an, daß es in gewöhnlichen Fällen für den Völkerbund das beste Mittel zur Unterhaltung guter Beziehungen zwi-

[1]) Abgedruckt: Kraus, Dokumente, S. 106ff.

[2]) Abgedruckt: Kraus, Urkunden, S. 103ff.

schen den verschiedenen Regierungen und den ihrer Souveränität unterstehenden Minderheiten ist, mit den Regierungen wohlwollende und offiziöse wechselseitige Beziehungen zu haben."

Wenn es auch unzweifelhaft richtig ist, daß oftmals durch halbamtliche Fühlungnahme bessere Erfolge zu erzielen sind als durch sofortige öffentliche Behandlung einer Frage, so muß doch diese Entschließung als bedenklich angesehen werden. Es könnte eigentlich als selbstverständlich gelten, daß schon dadurch, daß eine Minderheitenbeschwerde zunächst an den interessierten Staat weitergegeben wird, die Aufforderung an den Staat gerichtet wird, der Notwendigkeit der Behandlung des Falles durch vorherige interne Erledigung vorzubeugen. Die Tatsache aber, daß hier prinzipiell für die gewöhnlichen Fälle — ein sehr dehnbarer Begriff — die inoffizielle Fühlungnahme vorgeschlagen wird, ist gewissermaßen eine Generalklausel geschaffen, mittels derer nahezu jede Verschleppung der Behandlung einer Minderheitenbeschwerde gedeckt werden kann.

Im Absatz III wird gesagt, daß die Völkerbundsversammlung darauf dringt, daß die Minderheiten die Pflicht als loyale Staatsbürger erfüllen, mit dem Staat zusammenzuarbeiten, dem sie jetzt angehören. Diese Loyalitätspflicht wird auch in Absatz V nochmals hervorgehoben, durch den das Generalsekretariat aufgefordert wird, bei der Sammlung von Nachrichten über die Art der Ausführung der Minderheitenverträge auch zu vermerken, wie die Minderheiten ihre Pflicht gegenüber ihrem Staat erfüllen. Diese Einfügung der Loyalitätspflicht ist neu. In den Minderheitenverträgen ist sie nicht enthalten. Sie wird auch durch diese Entschließung nicht rechtsgültig — etwa als Vorbedingung für ein Minderheitenverfahren — eingeführt. Dagegen ist ihre Berücksichtigung bei Entscheidungen in Minderheitenfragen, bei denen dem freien Ermessen ein gewisser Spielraum gelassen ist, durch diese Bestimmungen nicht nur zugelassen, sondern gewissermaßen als Sollvorschrift anerkannt.

Von wesentlicher Bedeutung ist noch Absatz IV der Resolution, der eingehender an anderer Stelle zu besprechen sein wird. Hier wird die Hoffnung ausgesprochen, daß die Staaten, die keine Minderheitenverträge unterzeichnet haben, ihren Minderheiten zum mindesten den gleichen Grad des Schutzes angedeihen lassen, der den Unterzeichnern der Verträge zur Pflicht gemacht ist. Hier ist einmal entgegen der hauptsächlich von den Verpflichteten vertretenen Auffassung abgewichen, daß die Minderheitenverträge ein Maximum an Schutz begründen. Wenn auch der Beschluß keine Rechtskraft gegenüber den vertragsfreien Staaten besitzt, so ist bezüglich der Verträge indirekt festgestellt, daß das durch sie garantierte Maß an Schutz ein Mindestmaß darstellt, dessen Ausdehnung wünschenswert ist. Darüber hinaus ist aus dem Beschluß zu ersehen, daß nicht, wie vielfach angenommen wird, mit der Bindung der durch die Minderheitenverträge verpflichteten Staaten beabsichtigt war, ausschließlich für diese Staaten einen Minderheitenschutz für erforderlich zu halten, sondern daß vielmehr diesen neuen Staaten der Minderheitenschutz als eine Verpflichtung auferlegt wurde, deren Erfüllung man von den übrigen nicht verpflichteten Staaten auch ohne Unterzeichnung eines gleichartigen Vertrages für selbstverständlich hielt. Diese Auslegung kann ev. bedeutsam werden, wenn vor dem Völkerbund ein reguläres Kriegsverhütungsverfahren entsteht, und als Gegenstand des Streites die Klagen einer vertraglich nicht geschützten Minderheit vorliegen. Hier könnte der vorliegende Beschluß dazu verwendet werden, zur Schlichtung des Streitfalles das vertragsmäßige Minderheitenrecht analog zur Gewinnung einer Lösung des Konfliktes anzuwenden.

c) Die Rede Mello-Francos.

Längere Zeit hindurch förderten die Beratungen der Völkerbundsversammlungen (abgesehen von den bereits im vorhergehenden Kapitel erwähnten Verfahrensvorschriften) keine wesentlichen Ergebnisse zur Beurteilung der Frage des Minderheitenschutzes zutage. Die prinzipielle Frage nach der Auslegung des Minderheitenschutzes wurde erst auf der 6. Vollversammlung des Völkerbundes durch eine bedeutsame reformatorische Rede des ungarischen Delegierten, Grafen Apponyi[1]) erneut aufgerollt. Bezüglich der Auslegung der geltenden Verträge bringt sie nichts Neues, sie fordert vielmehr ihre Abänderung, da keine Auslegung des geltenden Rechts befriedigen könne. Dagegen führt die durch Apponyi aufgerollte Frage über Ziele und Wege des Minderheitenschutzes zu dem bedeutsamsten und umstrittensten Referentenbericht über das Minderheitenrecht, zu dem bekannten

Bericht des brasilianischen Delegierten Mello-Franco[2]) auf der 37. Tagung des Völkerbundsrates am 9. Dez. 1925.

---

[1]) Kraus, Urkunden, S. 217ff.

[2]) Kraus, Urkunden, S. 226ff.
Original: Journal Officiel, Februar 1926.

Es ist zwar in dem Protokoll der betreffenden Sitzung ausdrücklich festgestellt, daß der Bericht persönliche Bemerkungen Mello-Francos zu diesem Thema darstellt, trotzdem kam dem Referat dadurch, daß Mello-Franco Minderheitenberichterstatter des Völkerbundes war, besondere Bedeutung zu und tatsächlich ist es großenteils auch noch heute die meistbeachtete Kundgebung zur Frage des Minderheitenrechtes. Zahlreiche Delegierte stimmten Mello-Franco zu, keiner widersprach ihm.

Zunächst erscheint es bei der Betrachtung des Mello-Franco-Berichtes wesentlich, die Einstellung des Referenten zu dem ganzen Problem „Völker und Staaten" zu kennen. Mello-Franco war brasilianischer Vertreter im Völkerbund. Er kommt also aus einem Land, das von Auswanderern verschiedener europäischer Nationen in nicht allzu ferner Vergangenheit besiedelt worden ist. Nachdem der Staat Brasilien gegründet worden war, wußte jeder Einwanderer von vorneherein, daß er sich der Souveränität dieses Staates, dessen Staatssprache und dessen überwiegende Nationalität ihm vielleicht fremd sein würden, unterstellen müßte. Der neu nach Brasilien kommende Einwanderer irgendwelcher Nationalität mußte und muß also diesem Umstand von vorneherein Rechnung tragen. Der Erwerb der neuen Staatsangehörigkeit und die Einordnung in den Staat, ebenso wie auch die allmähliche Einordnung in die „nationähnliche" Gemeinschaft der Staatsbürger — es wäre verfehlt den amerikanischen Nationalismus dem europäischen gleichzustellen — trägt also bei ihm, im Gegensatz zu den meisten europäischen Minderheiten, ebenso wie die Einwanderung selbst, freiwilligen Charakter. Eine Minderheitenfrage im europäischen Sinn ist also dem brasilianischen Vertreter in seiner Heimat und auch in allen anderen amerikanischen Staaten fremd. Mit dieser spezifisch amerikanischen Einstellung, die Mello-Franco für eine überaus glückliche hält, tritt er in die Betrachtung der europäischen Minderheitenfragen ein. Das geht aus mehreren Stellen seiner Rede deutlich hervor. Er sagt, die Minderheitenfrage sei für die amerikanischen Staaten „tout à fait inexistant", gar nicht bestehend. Er erklärt weiter: „Die Einheitlichkeit der Sprache auf dem ganzen Gebiet jedes amerikanischen Staates, die vollkommene religiöse Freiheit und die vollkommen natürliche Aufsaugung (assimilation) der laufenden Einwanderung durch die Mehrheit der Bevölkerung eines jeden Staates erzeugen nationale Organismen, deren gesammelte und absolute Einheit die Existenz von Minderheiten in dem Sinn derer, die das

Recht auf den Schutz des Völkerbundes haben, vollständig unmöglich machen."

Der Grund dieser eingehenden Darstellung amerikanischer Zustände in seinem Referat ist die Tatsache, daß er sich mit der in dieser Arbeit später noch ausführlich zu behandelnden Frage der Generalisierung des Minderheitenschutzes für alle Mitgliedstaaten des Völkerbundes auseinanderzusetzen hat. Diese Generalisierung betrachtet er für die amerikanischen Staaten als unmöglich, da er befürchtet, daß die Generalisierung bei ihnen „eingebildete Kranke", also Minderheiten, die an sich gar nicht Minderheitscharakter haben, aber für den Fall des Bestehens allgemeiner Minderheitenverträge auch den Genuß des Karitativrechtes des Völkerbundes beanspruchen könnten, auf den Plan rufen würde. Sein Referat ist also großenteils pro domo gehalten und gibt deshalb aus zweifachen Gründen ein falsches Bild:

1. Weil in die Mit-Behandlung der nicht zur Minderheitenfrage gehörigen amerikanischen Auffassung nationaler Fragen den ganzen Geist der amerikanischen Theorie, daß die Staaten die Schmelztiegel der Nationen seien, in die Darstellung europäischer Vorgänge hineinträgt;
2. weil Mello-Franco aus dieser Einstellung heraus bestrebt ist, auch tatsächlich die Beurteilung der europäischen Nationalitätenfragen vom amerikanischen Gesichtswinkel aus vorzunehmen.

Hiezu kommt noch die in Kreisen der Führung der europäischen Minderheiten nicht unbekannte Tatsache, daß Mello-Franco den genannten Bericht absolut nicht mit der dieser Frage gebührenden Sorgfalt bearbeitet hat. Nach zulässigen Darstellungen soll der Bericht das Werk des Vormittags vor seiner Abhaltung sein, an dem ihn Mello-Franco eilig (auf Briefbögen der brasilianischen Vertretung in Genf) niedergeschrieben hat. Diese Tatsache ist insbesondere dort zu berücksichtigen, wo unklare Definitionen auf die Flüchtigkeit der Ausarbeitung hinweisen und dementsprechend zu werten sind.

Für die richtige Beurteilung des Mello-Franco-Berichtes ist es unerläßlich die Umstände, unter denen er entstanden ist und die Grundeinstellung des Referenten mit in Betracht zu ziehen.

Mello-Franco beschäftigt sich in seinem Referat im einzelnen mit folgenden Fragen: Zunächst definiert er den Begriff der Minderheit:

„Ich glaube nicht, daß sich eine Untersuchung über das Wesen der Minderheit ausschließlich auf die charakteristischen und verschiedenen Merkmale der Rasse, der Sprache und der Religion wird stützen können. Eine Minderheit im Sinn der vorliegenden Verträge ist nicht nur eine völkisch in einen Staatskörper, dessen Bevölkerungsmehrheit eine andere nationale Gemeinschaft bildet, eingeschlossene Gruppe. Zur Vervollständigung der Definition müssen noch psychologische, soziale und historische Merkmale hinzutreten. Das alleinige Nebeneinanderbestehen verschiedener völkischer Gemeinschaften auf dem Gebiet und unter der Souveränität eines Staates begründet noch nicht die Verpflichtung, in dem betreffenden Staat neben der Mehrheit noch das Bestehen einer Minderheit, die den Schutz des Völkerbundes benötigt, anzuerkennen. Die Voraussetzung für das Bestehen einer Minderheit im Sinne der gegenwärtigen Verträge ist, daß sie das Ergebnis jahrhundertelanger oder noch längerer Kämpfe zwischen bestimmten Nationalitäten ist, und daß bestimmte Territorien in den nachfolgenden Geschichtsabschnitten von einer in eine andere Souveränität übergegangen sind."

Hier liegt eine für den gesamten Minderheitenschutz geradezu untragbare Auffassung vor. Der große Wortschwall des Brasilianers spricht hier den Minderheiten selbst jedes Selbstbestimmungsrecht (Selbstbestimmungsrecht ist hier nicht im Sinne des Rechts, über die Staatszugehörigkeit zu befinden, sondern ausschließlich im Sinn des Rechtes den Minderheitencharakter selbst festzustellen gebraucht) rundweg ab. An Stelle des lebendigen Bekenntnisses der Minderheiten selbst tritt hier ein wissenschaftliches Verfahren, auf das sie keinen Einfluß haben und in dem von Dritten über ihren Minderheitencharakter entschieden werden soll. Hervorzuheben ist auch, daß das einzuschlagende Verfahren nur außerordentlich ungenau bezeichnet ist. Bemerkenswert ist auch hier wieder, daß für die Existenz der Minderheit ein Zeitraum für das Bestehen der Nationalität auf dem fraglichen Gebiet gefordert wird, deren Beginn etwa in die Zeit vor der Besiedlung Südamerikas durch Europäer fällt. In Wirklichkeit sind gerade die Einzelheiten über den Zeitraum der Besiedlung des Mello-Franco-Berichtes niemals als direktes Auslegungsmaterial seitens des Völkerbundes betrachtet worden. Prinzipiell jedoch wird die Definition Mello-Francos als Unterstützung der Ansicht benützt, daß die Aberkennung nationaler Minderheiten nicht nach dem Bekenntnisprinzip erfolgen muß.

Im weiteren Verlauf seiner Rede wendet sich Mello-Franco scharf gegen jede Erweiterung der Minderheitenverträge im Sinne einer Generalisierung des Minderheitenschutzes, des Ausbaus des Minderheitenverfahrens zu einem kontradiktorischen, an dem auch die Minderheiten teilnehmen können und im Sinne eines Koalitionsrechtes der Minderheiten zwecks völkerrechtlicher Vertretung ihrer Ansprüche. Bei der Ankündigung der Gegnerschaft gegen das Koalitionsrecht kommt nicht klar zum Ausdruck, welche Art des Zusammenschlusses Mello-Franco damit meint. Sollte er damit auch eine Einschränkung der in den Minderheitenverträgen garantierten Form des Koalitionsrechts im Auge gehabt haben, so könnte diese Auffassung nicht scharf genug zurückgewiesen werden. Im einzelnen soll jedoch hier nicht die Stellungnahme des Referenten zu den Reformplänen dargestellt werden, sondern es sollen nur die Rückwirkungen, die seine allgemeine Ablehnung von Reformen auf seine Stellungnahme zum Zweck der gegenwärtigen Verträge ausüben, einer näheren Betrachtung unterzogen werden. Er führt zu den Gedanken über die Weiterentwicklung des Minderheitenrechtes aus: „Ich glaube nicht, daß diese Auffassungen sich verwirklichen könnten, ohne Gefahren heraufzubeschwören, die das moralische Endziel, auf das das System des Schutzes durch die Minderheitenverträge hinstrebt, bedrohen würden."

Abschließend folgt die hart umstrittene Stelle seiner Ausführungen über das Ziel des Minderheitenschutzes, und die der Entwicklung und der Ausführung der Minderheitenverträge unendlich geschadet hat. Sie lautet wörtlich:

„Es scheint mir unzweifelhaft, daß die, die das System des Schutzes geschaffen haben, nicht daran dachten, im Rahmen bestimmter Staaten eine Bevölkerungsschicht zu schaffen, die sich ewig dem Gesamtorganismus der Nation (‚nation') fremd fühlt. Ich glaube im Gegenteil, daß sie für die Elemente dieser Bevölkerungsschicht den Stand eines Rechtsschutzes schaffen wollten, der in der Lage ist, die Achtung der Unverletzlichkeit der Person in jeder Hinsicht sicherzustellen und Stück für Stück (peu à peu) die Errichtung der vollständigen nationalen Einheit vorzubereiten."

Mello-Franco zitiert hiezu noch einen Aufsatz, den M. Blociszewski in der „Revue des Sciences politiques" (Jan./März 1922) veröffentlicht hat und dessen folgende Sätze er unterstreicht: „Man muß vermeiden, daß ein Staat im Staate geschaffen wird; man muß verhindern, daß die Minderheit, anstatt nach der Fusion mit dem Gemeinwesen, in dem sie existiert, zu streben, sich in eine mit Sonderrecht ausgestattete (privilege) Kaste verwandelt und sich wie ein Fremdkörper zusammenschließt." Es folgt ein ähnliches Zitat aus einem völkerrechtlichen Werk von Paul Fauchille, der darauf verweist, daß die Zuerkennung von Rechten an die Minderheiten deren Zusammengehörigkeitsbewußtsein und Machtbewußtsein fördert, so daß sie leicht irredentistischen Zielen zugänglich werden.

Diese Rede Mello-Francos und ganz besonders seine Auffassung über das Endziel des Minderheitenschutzes gewinnen dadurch besonders an Gewicht, daß kein Ratsmitglied seiner Auffassung widersprach. Im Gegenteil! Es liegen sogar eine Reihe von Zustimmungserklärungen zu seiner Auffassung vor, deren bedeutsamste von Sir Austen Chamberlain stammt. Hierüber ist im Protokoll verzeichnet:[1]) „Sir Austen Chamberlain möchte die Aufmerksamkeit ganz besonders auf die Definition lenken, die der brasilianische Vertreter über den Gegenstand (Ziel) der Minderheitenverträge gegeben hat, indem er festgestellt hat, daß die Schöpfer dieses Systems sicher nicht die Absicht hatten, innerhalb der Nationen (nations) eine Gemeinschaft zu schaffen, die dem nationalen Leben immerfort fremd bleiben würde. Wie M. de Mello-Franco gerade erklärt hat, ist es der Gegenstand der Minderheitenverträge und das Ziel des Rates, wenn er die Aufgaben ausführt, die ihm diese Verträge auferlegt haben, den Minderheiten den Grad des Schutzes und der Gerechtigkeit sicherzustellen, der sie stufenweise in die Lage versetzt, in dem nationalen Gemeinwesen, dem sie gehören, aufzugehen.

Der Urtext der Sätze, auf denen das Schicksal des Minderheitenschutzes beruht, sind:

Bei Mello-Franco: „. . . *et de préparer, peu à peu, les conditions nécessaires à l'établissement de la complète unité nationale.*"

Bei Chamberlain: „. . . *d'assurer aux minorités le degré de protection et de justice, qui les mettra graduellement en mesure de se fondre dans la communauté nationale à laquelle elles appartiennent.*"

Nach der wörtlichen Übersetzung wurden, von den Mehrheitsvölkern mit freudiger Genugtuung begrüßt, von den Minderheiten bekämpft, diese Worte in einem Sinne gedeutet, der das Ende des Minderheitenschutzes überhaupt bedeutet. Die Auslegung ist folgende:

Betrachtet man das Wort „nation" und „nationale" in seinem präzisen Sinn, nach dem es bedeutet „Völkische Gemeinschaft"

[1]) Kraus, Urkunden, S. 243ff.

und „einer völkischen Gemeinschaft zugehörig", so hat nach der Ansicht Mello-Francos und des teils offen (Chamberlain, Benesch, Hymans) teils stillschweigend zustimmenden Rates der gesamte Minderheitenschutz das Ziel der Entnationalisierung. Mit anderen Worten: die Anhänger der Auffassung Mello-Francos sind der Ansicht, daß eine gewaltsame und plötzliche Entnationalisierung unmöglich und unmoralisch ist. Auch ist die nationale Kultur, insbesondere die Sprache, vielfach eine Mittlerin, die im täglichen Leben nicht wohl zu missen ist, und deshalb den Minderheitsangehörigen nicht verwehrt werden darf. So muß der Gebrauch der Sprache z. B. vor Gericht, vor den Behörden, im täglichen Leben den Minderheitsangehörigen, deren einzige Umgangssprache sie ist, freistehen. So muß die Sprache im Schulunterricht zur Anwendung kommen, weil eine Unterrichtung in der Staatssprache, die die Schüler der Minderheit nicht verstehen, zum Analphabetentum führen müßte. Auch soll den Minderheitsangehörigen in ihrer Rechtsstellung aus ihrer Zugehörigkeit zur Minderheit kein Schaden erwachsen. Geschützt ist aber durch die Minderheitenverträge nur die Minderheit als Summe von Einzelpersonen, geschützt sind die Rechte der einzelnen Personen, die zusammengezählt, aber nicht zusammengehörig die unerwünschte Klasse „Minderheit" bilden, ebenso wie etwa die Summe der im Lande befindlichen Angehörigen gewisser Berufe, ohne eine Gemeinschaft zu bilden, in den staatlichen Statistiken zusammengezählt als Berufsgruppe geführt werden.

Nicht geschützt ist aber die nationale Gemeinschaft, Volkspersönlichkeit, im Sinne einer durch ein gemeinsames geistiges Band zusammengefügten kulturellen Volksgemeinschaft. Nicht geschützt ist die nationale Kultur als solche. Im Gegenteil: es soll gerade das Ziel des nach dieser Ansicht in den Minderheitenverträgen enthaltenen Schutzes der Rechte der einzelnen Personen sein, die Imponderabilien der kulturellen, seelischen Werte, die den eigentlichen Charakter der nationalen Minderheit ausmachen, zu beseitigen und dadurch den Schutz durch die allmählich erfolgende vollständige Angleichung der Minderheitsangehörigen an das Staatsvolk überflüssig zu machen.

Mello-Franco hat vielleicht aus den bereits geschilderten amerikanischen Gedankengängen über das Wesen des Staates als eines Schmelztiegels der Nationen heraus, tatsächlich die genannte Auffassung über sein Referat gehabt. Sicher hat Benesch, der eine noch mit Drohungen gegen die Minderheiten versehene Zustimmungserklärung zu dem Referat abgab, gerade der Assimilationsforderung zugestimmt, und auch die Regierungen fast aller interessierten Staaten haben diese Auffassung vertreten.

Jedoch ist zweifellos eine viel zu selten ausgesprochene andere Auffassung über das Referat möglich. Sie ergibt sich aus der Verwirrung der Begriffe Staat und Nation, die, durch den Staatsgedanken der französischen Revolution entstanden, gerade in der französischen Sprache besonders stark zum Ausdruck kommt. Im französischen Sprachgebrauch wird vielfach das Wort „nation" und „nationale" im Sinne von „Staat" und „staatlich" gebraucht. Ich habe eigens zu diesem Zwecke probeweise von Franzosen und gut französisch sprechenden Deutschen um eine Übersetzung von Begriffen, wie „staatliche Einheit", „staatliche Gemeinschaft", „Staatsangehörigkeit" usw. gebeten. Die staatlichen Begriffe wurden immer mit „nationale" (mut. mut.) übersetzt.

Würde man auch hier annehmen, daß die Begriffe „unité nationale" und „communauté nationale" im Sinne dieses Referates mit „staatliche Einheit" und „staatliche Gemeinschaft" übersetzt werden müssen, so würde man zu dem wesentlich verschiedenen Ergebnis gelangen, daß hier nicht die Forderung auf Assimilation, sondern nur die Forderung auf Einordnung in den staatlichen Organismus, also auf Loyalität der Minderheiten gegenüber dem Staat als Organisationsform erhoben ist.

Es wäre dann in dem Bericht Mello-Francos sogar ein für die Minderheiten sehr wesentlicher Anhaltspunkt zur Auslegung des Begriffes der Loyalitätspflicht der Minderheiten gegenüber dem Staate vorhanden. Mello-Franco indirekt und Chamberlain direkt erklären die Garantie der Rechte der Minderheiten als das Primäre, die „unité nationale" bzw. „communauté nationale" als das Sekundäre. Es wäre dann die häufig aktuelle Frage, ob die gute Behandlung der Minderheiten erst gewissermaßen ein Lohn für loyale Haltung ist oder ob zunächst der Staat die gute Behandlung zu gewährleisten hat, um auf Grund dieser guten Behandlung auch von den Minderheiten die Loyalität gegenüber dem Staat fordern zu können, in letzterem Sinne entschieden. Im Minderheitenverfahren muß diese Deutung zu der überaus wesentlichen Auslegung führen, daß der interessierte Staat einen Loyalitätsmangel der Minderheiten nicht geltend machen kann, bevor er nicht nachgewiesen hat, daß er selbst durch Achtung der Rechte der Minderheiten die Loyalitätsvoraussetzungen geschaffen hat.

d) Die Auslegung der Rede Mello-Francos.

Die zweite Deutung der Mello-Franco-Rede ist lange Zeit überhaupt nicht vorgenommen worden. Der letztere Gesichtspunkt betr. die Entscheidung des Loyalitätsvortrittes ist meines Wissens überhaupt noch nicht bemerkt worden. Erst nahezu zwei Jahre später, auf der VIII. Völkerbundsversammlung (September 1927) zerstörte eine Rede des ungarischen Delegierten, Grafen Apponyi[1]), die Alleinherrschaft der minderheitenfeindlichen Assimilationsauslegung der Rede Mello-Francos. Bezugnehmend auf die umstrittene Stelle der Rede erklärte er:

„Wenn diese Worte das völlige Verschwinden der nationalkulturellen Individualität, das Ersetzen eines plötzlichen durch einen langsamen Tod bedeuten sollen, so muß man gegen sie auf das lebhafteste protestieren. Ich kann nur annehmen, daß der Rat dieses Wort „Absorbieren" ausschließlich als ein politisches Absorbieren im Sinne der loyalen Erfüllung aller Pflichten dem Staate gegenüber gemeint hat."

Die Worte Apponyis wurden von Chamberlain ostentativ mit Zeichen des Einverständnisses begleitet, was Apponyi in seinen weiteren Ausführungen ausdrücklich feststellte. Wie Apponyi später mitteilte, hat auch Briand ausdrücklich seine Auslegung der Rede Mello-Francos gebilligt.

Es kann demnach festgestellt werden, daß die Auslegung, daß der Minderheitenschutz ein Übergangsstadium zur Entnationalisierung sei, von mehreren Ratsmitgliedern des Völkerbundes direkt abgelehnt worden ist. Da in dieser Ratssitzung die Auslegung Apponyis auch keinen Widerspruch erfuhr, so kann die Rede Mello-Francos heute nach der Richtung als authentisch interpretiert gelten, daß die Worte „complète unité nationale" und „communauté nationale" gleichbedeutend mit den Begriffen „staatliche Einheit" und „staatliche Gemeinschaft" sind.

Eine Abschwächung erfährt die minderheitenfreundliche Auffassung allerdings durch eine neue Völkerbundsrede. Am 5. Juni 1928 äußerte sich der griechische Delegierte Politis vor dem Rat des Völkerbundes erneut in minderheitenfeindlichem Sinn. Die Ausführungen von Politis bezeichnen den Minderheitenschutz nur als ein Übergangsstadium zur Entnationalisierung, schließen sich also der minderheitenfeindlichen Auslegung der Rede Mello-Francos

[1]) Mitteilungen der Geschäftsstelle der europäischen Nationalitätenkongresse Wien, Oktober 1927.

an. Politis leugnet weiter das Recht von nicht dem Völkerbundsrat angehörenden Staaten, Minderheitenbeschwerden vorzubringen. Auch diese Ausführungen wurden vom Rat ohne Widerspruch aufgenommen. Daraus kann kein anderer Schluß gezogen werden, als daß der Völkerbundsrat nunmehr alle Minderheitenberichte anzuhören gewillt ist und keinen Widerspruch erhebt, um der Diskussion über die Probleme des Minderheitenschutzes zu entgehen.

3. Abteilung.

Kritik des Karitativrechtes.

1. Abschnitt.

Kritik des Systems.

Zur Kritik des gegenwärtigen Systems des Minderheitenschutzes durch die Garantie des Völkerbundes ist zunächst der Charakter der Minderheitenverträge zu untersuchen. Die Verträge wurden begründet entweder

durch Vertrag der A. A. Hauptmächte mit dem verpflichteten Staat

oder

durch Erklärung des verpflichteten Staates gegenüber dem Völkerbund mit rechtsverbindlicher Kraft.

Soweit Vertragschließende die A. A. Hauptmächte waren, sind ihre Rechte auf den Völkerbund als Garanten übergegangen, so daß rechtlich folgende Lage vorliegt:

Schuldner des Minderheitenschutzes sind die Staaten, in deren Staatsgebiet die geschützten Minderheiten wohnen,

Gläubiger des Minderheitenschutzes sind (mit Ausnahme von Oberschlesien) nicht die Minderheiten, sondern Gläubiger ist der Rat des Völkerbundes.

Die Minderheiten selbst sind an den Verträgen nur als Dritte beteiligt, ohne einen direkten Anspruch gegen den jeweils verpflichteten Staat geltend machen zu können.

Die Minderheitenverträge des Völkerbundes sind also völkerrechtliche Verträge zugunsten eines Dritten ohne Klageberechtigung des Dritten. Aus dem Recht der Minderheiten erwächst nur dann ein Anspruch auf Ausführung des Schutzes seitens des verpflichteten Staates, wenn er von einem der Gläubiger geltend gemacht wird.

Ein Eigenrecht der Minderheiten ist überhaupt nicht gegeben. Auch bei guter Behandlung und bei pünktlicher Ausführung der Schutzbestimmungen bleibt die Minderheit

Objekt der Verwaltung.

In keinem Punkte ist die Nebenordnung der in einem Staate lebenden Nationalitäten unter gleichzeitiger Unterordnung aller Nationalitäten unter gemeinsame Rechtsprinzipien durchgeführt. In der Ära des gegenwärtigen Minderheitenschutzes besteht immer noch die Überordnung der Mehrheitsnationalität über die Minderheitsnationalität.

Die Minderheitenverträge bedeuten lediglich eine Einschränkung der Omnipotenz des von der Mehrheit beherrschten Staates, der sich gegenüber Dritten verpflichten muß, bestimmte menschliche Rechte der der Minderheit angehörenden Staatsbürger nicht zu verletzen. Die Rechte, die geschützt werden, sind hauptsächlich materielle, die Kultur tritt in den Verträgen hauptsächlich als Mittel für Erreichung materieller Güter in Erscheinung. Verletzt der Staat diese Rechte, so ist wiederum den Hauptbeteiligten, den Minderheitsangehörigen keine zwingende Möglichkeit gegeben, die Verwirklichung des Rechtes zu fordern, sondern sie sind auf die Gewinnung der Hilfe einer Ratsmacht des Völkerbundes angewiesen.

Der Minderheitenschutz des Völkerbundes ist also in doppelter Hinsicht ein karitativer:

a) Die Minderheit ist Gegenstand eines karitativen Schutzes, der ihr als ein Geschenk, dessen Hingabe an sie zwischen ihrem Herrschaftsstaat und dem Völkerbund (bzw. den A. A. Hauptmächten) vereinbart wurde, gegeben wird. Ihre Hinzuziehung bei der verwaltungstechnischen Ausführung dieses Schutzes ist nirgends vorgeschrieben.

b) Die rechtsgültige Erhebung der Forderung auf Ausführung der Schutzbestimmung ist ein rein karitativer Akt, der von Mitgliedern des Völkerbundsrates willkürlich vorgenommen oder nicht vorgenommen werden kann.

Innerhalb des Staates kann dieser Charakter der Minderheitenverträge dazu führen und führt auch tatsächlich in der Praxis fast durchwegs dazu, daß es der Staat unternimmt, der Minderheit (sofern er den Vertrag überhaupt ausführt) nur das geringste Maß des Schutzes zu gewähren, das gerade noch keinen Vertragsbruch darstellt. Wie später darzutun ist, lassen die Verträge ziemlich weite Möglichkeiten in dieser Hinsicht.

Demgegenüber werden die Minderheiten stets danach trachten, das Höchstmaß des Schutzes zu erreichen, das unter Berücksichtigung der Auffassung aus den Verträgen heraus zu lesen ist, daß nicht nur der einzelne Staatsbürger und seine staatsbürgerlichen Rechte geschützt sind, sondern daß auch die Nationalität als solche in ihrem gesamten kulturellen Leben Gegenstand des Schutzes ist.

Da sich aber nach den Verträgen die Schutztätigkeit nicht innerhalb der Gemeinschaft der Minderheit, sondern zwischen Staat und Minderheit abspielt, so wird sich aus der Auslegung und Ausführung der Verträge ein ständiger Gegensatz zwischen Staat und Minderheit entwickeln, dessen Grad sich nach dem Maß der beiderseitigen Loyalität bestimmen wird. Jede restriktive Interpretation und jeder den Minderheitenschutz betreffende Fehlschlag in der Verwaltung wird von den Angehörigen der Minderheiten auf das Konto des Staates gesetzt werden, und wird deshalb die Staatsverdrossenheit, und schließlich die offene Opposition gegen seine Einrichtungen herbeiführen. Andererseits wird seitens des Staates jede von den Minderheiten vertretene extensive Interpretation und jede Forderung auf Abänderung der Verwaltungspraxis als Angriff auf die Souveränität, die Geschlossenheit und das Prestige des Staates gedeutet werden, und sich wiederum gegen die Minderheit selbst auswirken. Der karitative Minderheitenschutz ist das typische Schulbeispiel für den Satz „communio mater rixarum".

Eine unvollkommene Abgrenzung zwischen Rechten der Minderheit und Rechten des Staates wird stets die Gegensätze mehren, anstatt sie zu vermindern. Eine vollkommene Abgrenzung zwischen diesen Rechten ist aber innerhalb des Karitativsystems unmöglich.

Für Minderheit und Staat, ganz besonders aber für letzteren, hat das Karitativsystem überdies noch die Wirkung, daß bei der Minderheit langsam der für den Staat so wesentliche Gedanke der Selbstverwaltung und damit der Selbstverantwortung abgetötet wird. Die der öffentlich-rechtlichen garantierten Selbstverwaltung beraubte Minderheit wird dazu erzogen nur zu fordern, nur Kritik zu üben, nicht aber mitzuarbeiten und sich schöpferisch zu betätigen. Denn handeln und schöpferisch tätig sein, werden stets nur Subjekte, nicht aber Objekte fremden Verwaltungsermessens oder fremder Verwaltungswillkür.

Den Gefahren des innerstaatlichen Karitativcharakters sind die des internationalen Karitativcharakters ihrer Garantie mindestens gleichzusetzen. Ja der Karitativcharakter der Garantie stellt geradezu die Erreichung des Zieles der Verträge in Frage. Denn während innerstaatlich rechtlich das Verwaltungsermessen in Fragen des Minderheitenschutzes durch die Schutzbestimmungen begrenzt ist, so ist in das System der Garantie ein Faktor des reinen Ermessens, d. h. also der Willkür eingeschaltet. Das Garantieverfahren wird nur dann rechtsgültig anhängig, wenn ein Mitglied des Völkerbundsrates es fordert. Eine bindende Verpflichtung der Ratsmitglieder, diese Forderung zu erheben, wenn ein Bruch oder die Gefahr eines Bruches der Minderheitenverträge vorliegt, gibt es nicht. Der Gang des Rechtes ist abhängig von einem Akt, der dem freien Ermessen der Garanten anheimgestellt ist.

Dieses Ermessen kann sich nun bestimmen

a) *nach dem Rechtsgedanken.* In diesem Fall wird der Garant das Verfahren fordern, so oft es nach dem Sinn der Verträge notwendig ist, oder aber

b) *nach politischer wirklicher oder vermeintlicher Opportunität.* In diesem Falle wird der Garant prüfen, ob die Forderung, das Verfahren zu eröffnen, seiner gegenwärtigen Politik förderlich, gleichgültig oder schädlich ist, und wird danach die Frage der Forderung nach Verfahrenseröffnung entscheiden.

Leider ist bisher stets letztere Überlegung führend gewesen, so daß die Möglichkeit, daß das gegenwärtige Garantiesystem zur Politisierung des Minderheitenrechts führen kann, zur Tatsache geworden ist. Als Beispiel sei angeführt, daß ein schwedischer Minister einem bekannten Minderheitenführer, der ihn um Beantragung eines Minderheitenverfahrens bat, erwiderte, er könne dieser Bitte nicht Folge leisten, da ein solcher Antrag von dem Herrschaftsstaat der Minderheit als „unfreundlicher Akt" Schwedens gegen diesen Staat angesehen und für Schweden abträgliche Folgen zeitigen würde.

Die Folgen davon sind:

a) Der verpflichtete Staat hat die Möglichkeit, Rechtswidrigkeiten, die sich gegen die Minderheiten richten, zu begehen, sofern er nach der Lage seiner Außenpolitik damit rechnen kann, daß keine Ratsmacht des Völkerbundes die Behandlung der Angelegenheit vor dem Völkerbund oder dem Internationalen Gerichtshof fordern wird. Hält man diese Unterbrechung des Rechtsgangs durch eine politische Ermessungsfrage mit dem Punkt I der Entschließung der III. Völkerbundsversammlung, daß kleinere Übertretungen der Minderheitenverträge möglichst durch die „guten Beziehungen“ zu den verpflichteten Staaten geregelt werden sollen, zusammen, so kommt man zu dem Ergebnis, daß es fast durchwegs für die verpflichteten Staaten möglich sein wird, kleinere Abbiegungen der Verträge oder jene schlechtmöglichste Auslegung der Verträge (diese ist wohl unter „Gefahr eines Bruches“ zu verstehen) vorzunehmen, ohne außenpolitische Schwierigkeiten befürchten zu müssen.

b) Die Politisierung der Garantie von Rechtssätzen, die als Rechtssätze von internationalem Interesse bezeichnet wurden, schließt einen schweren Prestigeverlust des gesamten Völkerrechts, insbesondere aber des Völkerbundes in sich.

Das System des karitativen Minderheitenschutzes ist eine Modifikation der Omnipotenz des Staates. Sie beläßt im präzisen Sinn den Minderheitenschutz unter der Ära der Macht, anstatt sie in dem Gebiet des Rechts zu verankern. Das Recht ist immer noch ein Geschenk der Macht, nicht aber die Macht eine Funktion des Rechts. Der Minderheitenschutz des Völkerbundes bringt keine neuen Gedanken, die zu einer organischen Lösung der Spannung zwischen Staaten und Völkern führen könnten, sondern bringt lediglich die Forderung, die Verwaltungspraxis dahin zu reformieren, eine Behandlung des Objekts „nationale Minderheit“ eintreten zu lassen, die möglichst die aus diesem Objekt entstehenden Gefahren hintanhält. Hiebei ist jedoch trotz der nunmehr erfolgten anderweitigen Auslegung des Mello-Franco-Berichtes immer noch die Absicht unverkennbar, den „Schutz“ so zu gestalten, daß die karitative Schutztätigkeit selbst nicht nur loyale Staatsbürger, sondern auch Nationalrenegaten schafft. Theoretisch könnten die Auswirkungen eines sinnvoll angewandten Karitativschutzes dieselben sein, wie wenigstens die einer schlecht geleiteten Autonomie. Doch wird ein Karitativsystem nicht einmal diese Wirkungen erreichen können, denn niemals wird ein Fremdvolk, selbst bei bestem Willen, die Kultur einer Minderheit in gleicher Weise pflegen können wie diese Minderheit selbst. Über die Konservierung der Kultur wird ein Karitativschutz niemals hinauskommen, zur Fortentwicklung der Kultur wird es stets der eigenlebendigen und eigenverantwortlichen Arbeit der Nationalitäten selbst bedürfen.

Das karitative Minderheitenrecht des Völkerbundes ist also bei seiner gegenwärtigen restriktiven Interpretation nur im Vergleich zur absuluten Rechtlosigkeit ein Vorteil, im Vergleich zu den zur organischen Kulturentwicklung erforderlichen Notwendigkeiten ein Hindernis, jedoch wird auch das extensiv interpretierte und selbst das vervollkommnete Karitativrecht nicht imstande sein, die Endlösung der ungelösten nationalen Fragen Europas zu bringen. Abgesehen von der Unzulänglichkeit des Systems des Karitativrechtes ist das gegenwärtige Vertragsrecht — auch vom Standpunkt des Karitativrechtes selbst aus — in verschiedener Hinsicht unzulänglich. Insbesondere hinsichtlich seiner räumlichen Geltung, seiner unklaren Abfassung, seinen rechtlichen Mängeln und der Schwierigkeit seiner prozessualen Geltendmachung.

2. Abschnitt.

Unzulänglichkeiten der räumlichen Geltung des Karitativrechtes.

Bei der räumlichen Geltung des Minderheitenrechts des Völkerbundes ist zu unterscheiden, daß für manche Gebiete die Art. 1, 2, 7, 8, 12 mut. mut. des Vertrages vom 28. Juni 1919 einschließlich des Art. 9 (öffentliche Minderheitenschulen), für andere Gebiete nur die Art. 1, 2, 7, 8, 12 Geltung haben. Die Angabe, daß kein international garantierter Minderheitenvertrag (bzw. Minderheitenerklärung) vorliegt, berechtigt noch nicht zu der Annahme, daß überhaupt keinerlei Minderheitenschutz in dem betreffenden Staat geübt wird. Es bestehen teilweise innerstaatliche Minderheitenschutz-Verordnungen. Irgendwie für die Minderheiten bedeutsam sind jedoch lediglich einige deutsche, lettische und dänische Minderheitenschutz-Verordnungen, sowie das bedeutsame Estländische Kultur-Autonomie-Gesetz. Die weder unter das Minderheitenrecht des Völkerbundes noch unter die genannten innerstaatlichen Verordnungen fallenden Minderheiten genießen kein Minderheitenrecht.

Es gilt das gesamte Recht des Vertrags vom 28. Juni 1919 hinsichtlich der Art. 1, 2, 7, 8, 9, 12 mut. mut. für folgende Staatsgebiete: Die von Polen erworbenen, ehemals preußischen Teilgebiete (Poln. Korridor) — nur für die deutschen Minderheiten —, Österreich, die Tschechoslowakei, die nach dem 1. Jan. 1913 von Südslawien erworbenen Gebiete, Bulgarien, Rumänien, Ungarn, Griechenland, Danzig, Albanien und Litauen. Entsprechende, durch besondere Verordnungen und Gesetze geschaffene Schutzbestimmungen in Lettland und Estland.

Das Recht des Art. 9 mut. mut. auf öffentliche Minderheitenschulen ist ausgeschlossen für alle nichtdeutschen Minderheiten in Polen und für alle außerhalb des ehemals preußischen Gebiets liegenden Teile Polens.

Das Recht der Art. 1, 2 und 9 ist ausgeschlossen für alle bereits vor dem 1. Jan. 1913 zum serbischen Staat gehörigen Gebiete.

Ein qualifiziertes Recht, das den Art. 1, 2, 7, 8, 9 und 12 des Vertrags vom 28. Juni 1919 entspricht, gilt für das deutsche und polnische Staatsgebiet des oberschlesischen Abstimmungsgebiets.

Innerstaatliche Minderheitenschutzbestimmungen gelten für die Minderheiten in Deutschland und Dänemark, innerstaatliches Minderheitenrecht unter Völkerbundsgarantie gilt in Lettland.

Ein weit über den Minderheitenschutz des Völkerbundes hinausgehendes Minderheitenrecht in Form der Kulturautonomie genießen die Minderheiten in Estland.

Vollständig ungeschützt sind die folgenden Minderheitengruppen: Katalaner in Spanien, Slawen und Deutsche in Italien, von den noch nicht zum europäischen Nationalitätenkongreß angemeldeten Gruppen: Deutsche, Korsen und Bretonen in Frankreich. Das Auftreten weiterer Minderheitengruppen ist nicht als ausgeschlossen zu betrachten.

(Betr. die räumliche Geltung des Minderheitenrechts vgl. beiliegende Karte.)

Die räumliche Unzulänglichkeit der Geltung der Minderheitenschutzbestimmungen, die Differenzierung des Schutzes in den international zum Minderheitenschutz verpflichteten oder aus eigener Macht Minderheitenschutz gewährenden Staaten hat natürlich bald zu Unzuträglichkeiten geführt. Es ist bereits darauf hingewiesen, daß die international zum Schutz verpflichteten Staaten die Auferlegung dieser Pflichten als ein Mißtrauensvotum gegen ihre Staatsleitung, eine Entwertung ihrer Grenzen und eine Minderung ihrer Staatssouveränität betrachtet haben, und deshalb gleichzeitig zwei entgegengesetzte Maßnahmen fordern: Abbau des Minderheitenschutzes oder Generalisierung des Minderheitenschutzes.

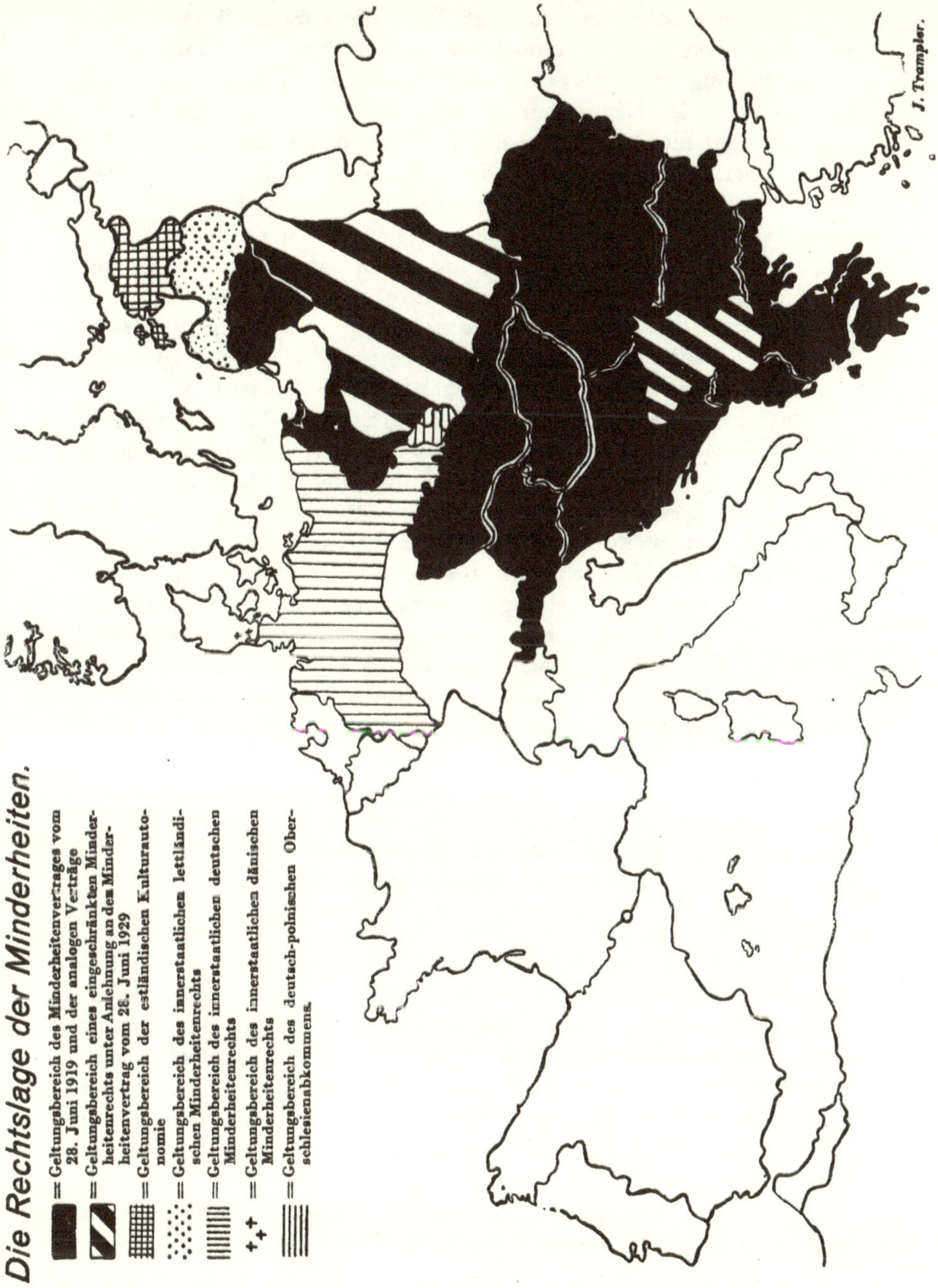
Die Rechtslage der Minderheiten.
= Geltungsbereich des Minderheitenvertrages vom 28. Juni 1919 und der analogen Verträge
= Geltungsbereich eines eingeschränkten Minderheitenrechts unter Anlehnung an den Minderheitenvertrag vom 28. Juni 1929
= Geltungsbereich der estländischen Kulturautonomie
= Geltungsbereich des innerstaatlichen lettländischen Minderheitenrechts
= Geltungsbereich des innerstaatlichen deutschen Minderheitenrechts
= Geltungsbereich des innerstaatlichen dänischen Minderheitenrechts
= Geltungsbereich des deutsch-polnischen Oberschlesienabkommens.
J. Trampler.

Die von internationalen Verpflichtungen freien Staaten mißbrauchen diese Freiheit, dem Sinn der Verträge und dem Sinn der Entschließung der III. Völkerbundsversammlung widersprechend, häufig dazu, die Minderheiten vollständig zu unterdrücken. Insbesondere ist dies bei Italien der Fall, das in konsequenter Verfolgung dieser Politik im Verlauf der VIII. Völkerbundsversammlung dazu übergegangen ist, einen Angriff auch gegen das für andere Staaten bindende Karitativrecht zu unternehmen. So hat z. B. Italien auf der VIII. Versammlung beantragt, die Mittel für die Minderheitensektion des Völkerbundssekretariates aus dem Etat zu streichen. Die Verwaltungspraxis gegen die Minderheiten, die von verschiedenen international vertragsfreien Staaten geübt wird, gibt stets den vertraglich gebundenen Staaten Anlaß zur restriktiven Auslegung der geltenden Verträge, so daß die Vertragsfreiheit nicht nur für die vertraglich ungeschützten Minderheiten ein schwer erträglicher und oftmals mit kultureller Vernichtung gleichbedeutender Zustand ist, sondern daß die Rückwirkungen der Minderheitenunterdrückung, die dort geübt wird, auch den vertraglich geschützten Minderheiten zum Nachteil gereichen. Besonders stark sind diese Rückwirkungen, wenn vertragsfreie Staaten, die eine minderheitenfeindliche Stellung einnehmen, Mitglieder des Völkerbundsrates sind. Solche Staaten sind dann stets die Exponenten der Politik der verpflichteten Staaten, sofern deren Politik auf eine Einschränkung des Minderheitenschutzes hinzielt.

3. Abschnitt.

Unzulänglichkeit der sachlichen Geltung des Karitativrechts.

Es ist bereits mehrmals darauf hingewiesen worden, daß die unklare und nicht ins einzelne gehende Formulierung der Minderheitenverträge des Völkerbundes der Auslegung einen weiten Spielraum läßt und daß durch verschiedene Maßnahmen des Staates ohne formellen Rechtsbruch der Minderheitenverträge doch soweit umgangen werden kann, daß er seinen Zweck nicht mehr erfüllen kann. Neben diese Unklarheit und mangelhafte Durchbildung des Rechtes tritt dann noch die mangelhafte Erfassung der schutzbedürftigen Gebiete.

Die genaue Auslegung, wie weit der Schutz der Minderheiten nach dem Minderheitenrecht des Völkerbundes bei loyaler Handhabung reichen müßte, finden wir in den Einzelbestimmungen des deutsch-polnischen Oberschlesienabkommens. Gerade dieser Vertrag beweist auch, wie notwendig die nähere Definition der Minderheitenrechte ist. Trotzdem er einen, vom Gesichtspunkt des Karitativsystems aus hohen Grad an Vollkommenheit erreicht, sind aber selbst in diesem Vertrag noch einige Möglichkeiten der Umgehung vorhanden.

Die Grundrechte der Minderheiten laut den Minderheitenverträgen des Völkerbundes finden sich in den Art. 7, 8 und 9 des Vertrages vom 28. Juni 1919 und mut. mut.

a) Gleichheit vor dem Gesetz und Gleichheit der Gesetzanwendung.

Hier ist zunächst festgestellt, daß alle Staatsbürger des Staates, also auch die Angehörigen von Minderheiten, vor dem Gesetze gleich sind. Diese Rechtsgleichheit bedingt, daß keine Sondergesetze gegen die Minderheiten erlassen werden dürfen, durch die ein Rechtszustand geschaffen würde, der eine Verschlechterung gegenüber der Rechtslage nach den für das gesamte Staatsgebiet und für die Gesamtheit der Staatsbürger geltenden Gesetzen bedeuten würde. Hier fehlt die unbedingt erforderliche Vorschrift (im D.P.O.A. enthalten), daß auch die Anwendung der Gesetze nicht zum Nachteil der Angehörigen einer Minderheit vorgenommen werden darf. Eigentlich würde bei einer loyalen Interpretation der Minderheitenverträge aus der Gleichberechtigung die Gleichbehandlung als selbstverständliche Folge sich ergeben. Eine Anzahl der gebundenen Staaten anerkennen diese notwendige Folge auch. Jedoch ist es gegenüber den Staaten, die eine einschränkende Vertragsauslegung zum Ziel ihrer Minderheitenpolitik machen, außerordentlich schwer, meist sogar unmöglich, ein Minderheitenverfahren anhängig zu machen, wenn Gesetze, die für das gesamte Staatsgebiet Geltung haben, tatsächlich ausschließlich oder nahezu ausschließlich gegen die Minderheiten angewandt werden.

So ist es z. B. häufig, daß Gesetze über Versammlungs- und Pressewesen, die für das gesamte Staatsgebiet gelten, einseitig gegenüber den Minderheiten zur Einschränkung der Meinungsäußerung der Minderheiten angewandt werden.

b) Wirtschaftlicher Schutz der Minderheiten.

Eine besonders große und wichtige Rolle spielt aber der Mangel der Vorschriften über die Anwendungsgleichheit der Gesetze bei dem Streben mancher Staaten, die wirtschaftliche Kraft der Minderheiten zu unterhöhlen und zu brechen. In den meisten östlichen und südöstlichen neuen Staaten, den sog. Agrardemokratien, wurden fast unmittelbar nach ihrer Errichtung Bodenreformgesetze geschaffen, die sich nahezu durchwegs einseitig gegen die Minderheiten, vor allem gegen die Deutschen, richteten, wenngleich sie für das gesamte Staatsgebiet Geltung haben. Sie geben unter gewissen Voraussetzungen dem Staat die Möglichkeit, landwirtschaftlich nutzbaren Grund zu enteignen und an Siedler aufzuteilen. Bei genauerem Studium der auf Grund dieser Gesetze vorgenommenen Enteignungen kommt man zu dem Ergebnis, daß diese Gesetze teilweise bis zu 80%, ja in einem Fall sogar 96% gegen Minderheitenangehörige angewandt wurden. Geht hieraus schon klar das eigentliche Ziel der Bereicherung der wirtschaftlichen Mittel des Staates und der Lähmung der wirtschaftlichen Kraft der Minderheitenangehörigen hervor, so wird diese gegen die gesamte Minderheit — nicht nur gegen ihre Besitzenden — gerichtete Tendenz noch verständlicher, wenn man mit in Betracht zieht, daß die Aufteilung des Grundbesitzes fast ausschließlich an Siedler, die dem Staatvolk angehören, erfolgte. Nach außen wird die Bodenreform als soziale Maßnahme propagiert, nach innen wird sie als Kampfmaßnahme mit dem Ziel, die Angehörigen des Minderheitenvolkes ihrer Existenz zu berauben, sie aus dem Lande zu vertreiben und das geschlossene Siedlungsgebiet der Minderheit zu durchbrechen in einem bewußt antinationalen und durch die Existenzvernichtung auch unsozialen Sinne angewandt.

Die Beispiele für die Spannung zwischen der Theorie der Rechtsgleichheit und der Verwirklichung dieser Theorie in der Praxis ließen sich zahllos vermehren.

c) Ausübung der staatsbürgerlichen Rechte.

Bei der weiteren Feststellung der Minderheitenverträge, daß alle Staatsbürger die gleichen staatsbürgerlichen Rechte genießen, fehlt insbesondere eine Aufzählung der unter diesen Punkt fallenden Staatsbürgerrechte. Es fehlen nähere Bestimmungen über eines der Grundrechte: die öffentlichen Wahlen. Die Minderheit ist z. B. vertraglich nicht geschützt gegen die sog. Maßnahme der „Wahlkreisgeometrie“, d. h. gegen eine derartige Abgrenzung der staatlichen Wahl- und Verwaltungsbezirke, daß das geschlossene Siedlungsgebiet der Minderheit auseinandergerissen und in der Weise den genannten Bezirken zugeteilt wird, daß es der

Minderheit in keinem der Bezirke möglich ist, eine Wahlmehrheit zu erreichen.

Die Minderheit ist gleichfalls vertraglich nicht gegen das Militärwahlrecht geschützt, das mitunter dazu verwendet wurde, während der Wahlzeiten in Minderheitsgebieten Manöver abzuhalten und die anwesenden Soldaten oder auch nur die ständigen Garnisonen zuungunsten der Minderheiten mitwählen zu lassen. Die Möglichkeiten der Beeinflussung des Gesamtresultates der in den genannten beiden Formen beeinflußten Wahlen sind natürlich je nach der Form der Verfassungen der betreffenden Staaten verschieden.

Es sind auch noch andere, vertraglich allerdings etwas schwer faßbare Möglichkeiten der Wahlbeeinflussung vorhanden. Gegen die gewaltsame Beeinflussung der Wahlen ist ein Rechtsschutz durch die Bestimmung, daß den Angehörigen der Minderheit der umfassendste Schutz ihres Lebens zu gewähren ist, gegeben.

d) Öffentliche Ämter und Tätigkeiten.

Der Auslegung eröffnet auch die Bestimmung, daß die Minderheiten bezüglich der Zulassung zu öffentlichen Ämtern, Tätigkeiten, Ehrenstellungen und bezüglich der Ausübung der verschiedenen Berufe und Gewerbe gleichberechtigt sein sollen, weiten Raum.

Eine gewisse Rechtsgarantie für die Durchführung dieser Bestimmungen wäre nur möglich, wenn direkt bestimmte Maßstäbe für die Beteiligung der Minderheiten an den genannten Tätigkeiten geschaffen würden. Gerade hier ist einer minderheitenfeindlichen Einstellung der Staaten ein weites Betätigungsfeld eingeräumt, da für die öffentlichen Tätigkeiten seitens des Staates allgemein geltende Voraussetzungen gefordert werden können, deren Vorliegen bei Angehörigen der Minderheiten ganz besonders streng und oft auch ungerecht geprüft wird (Prüfungen usw.) oder bei den Minderheiten unter Umständen auch gar nicht vorhanden sein kann. So ist heute bei vielen Minderheiten festzustellen, daß sich keiner ihrer Angehörigen in der staatlichen Verwaltung befindet, daß keiner eine Ehrenstellung erhalten hat.

Zur Einwirkung auf die Minderheitsangehörigen im Sinne einer Assimilierung, d. h. des Volksverrats, wird insbesondere die Zulassung zu öffentlichen Arbeiten usw. ausgenützt. So erhält bei Vergebung öffentlicher Arbeiten, die oft einen beträchtlichen Prozentsatz der überhaupt vorhandenen Handwerksarbeit ausmachen, prinzipiell nur ein Anhänger des Staatsvolkes den Auftrag.

Bei der Vergebung von Verkaufsstellen von Waren, die unter staatlicher Monopolverwaltung stehen, erhält wiederum nur ein einwandfreier Anhänger des Staatsvolkes die Lizenz usw.

e) Private Bildungs- und Wohlfahrtseinrichtungen und geistige Zusammenarbeit.

Art. 8, der den Minderheiten gestattet, auf eigene Kosten Wohlfahrts-, religiöse und soziale Einrichtungen und Erziehungsanstalten zu unterhalten, legt im allgemeinen ein Selbstverwaltungsrecht nationaler Gemeinschaften auf den bezeichneten Gebieten ziemlich klar fest. Jedoch sind auch hier erhebliche Mängel der klaren Rechtsgestaltung zu erkennen. Zunächst hängt einmal die Unterhaltung dieser Einrichtungen „auf eigene Kosten" sehr eng mit der Beeinträchtigung der wirtschaftlichen Kraft der Minderheiten durch die vorbezeichneten gegen das Gut der Minderheitsangehörigen gerichteten Maßnahmen zusammen. Insbesondere Wohlfahrts- und soziale Einrichtungen haben sehr häufig ihre finanzielle Grundlage im Grundbesitz, so daß die Entgüterungsmaßnahmen der Agrardemokratien auch die Wohlfahrts- und soziale Tätigkeit wesentlich einschränken oder ganz unmöglich machen. So können die weitgehendsten Vorschriften über die Freiheit der genannten privaten Tätigkeiten nahezu illusorisch werden, wenn der Minderheit auf anderem Wege die zur Ausübung notwendigen Mittel entzogen werden.

Weiter ist die Möglichkeit gegeben, durch gewisse Vorschriften bezüglich der in den genannten Anstalten beschäftigten Persönlichkeiten, den Betrieb zu erschweren. Vielfach wird die Ausübung der betreffenden Tätigkeit (insbesondere ärztliche Tätigkeit und Lehramt) von der Ablage von Prüfungen innerhalb des Staates selbst oder von der Staatsangehörigkeit des Staates usw. abhängig gemacht, Voraussetzungen, die oftmals von den geeigneten Kräften nicht erbracht werden können.

Insbesondere ist hier dem Staat die Möglichkeit gegeben, die Kultur der Minderheiten insular von dem Zusammenhang mit den anderen Teilen ihrer Volksgemeinschaft abzuschließen, da gerade die Voraussetzung des Besitzes der Staatsangehörigkeit und des Besitzes von Lehramtszeugnissen des Staates von eingewanderten Lehrkräften usw. nur schwer oder gar nicht zu erbringen ist. Bei kleinen Minderheiten wirken solche Maßnahmen oftmals überaus drückend, wenn die Minderheiten mangels der im Lande vorhandenen muttersprachlichen Bildungsmöglichkeiten nicht in der Lage ist, die geistige Führerschicht aus ihren Reihen zu stellen.

In diesem Zusammenhang muß auch die Rechtslücke festgestellt werden, die überhaupt bezüglich der geistigen Zusammenarbeit der nationalen Gemeinschaften über die Grenzen der Staaten hinaus besteht. Das Recht eines rein geistigen Verkehrs der Minderheitsangehörigen mit anderen Teilen ihrer Volksgemeinschaft wurde wohl als selbstverständlich vorausgesetzt. In Wirklichkeit wäre der Schutz dieser Beziehungen unbedingt in den Verträgen notwendig. Es ist bereits festgestellt, wie die „Einfuhr von Geist" in die Minderheitsgebiete durch gewisse Vorschriften bezüglich der Menschen, die diesen Geist zu pflegen berufen sind, gedrosselt werden kann. Das gleiche beobachten wir auf anderen Gebieten. Entweder durch Verbote, Einfuhrverbote oder durch hohe Zölle wird in manchen Staaten die Einfuhr von Büchern und Zeitungen in der Minderheitensprache verhindert und so der geistige Kontakt mit den in anderen Staaten lebenden Volksgenossen unterbunden. Gerade solche Maßnahmen sind auf Grund der Minderheitenverträge nur überaus schwer zum Gegenstand eines Minderheitenverfahrens zu machen. Sie kommen überhaupt nur dann als ein Gegenstand des Verfahrens in Betracht, wenn sie auf Grund mangelnder Gleichberechtigung mit dem Staatsvolk zu fassen sind, so z. B. daß es einem Angehörigen des Staatsvolks erlaubt ist, eine Zeitung oder ein Buch zu beziehen, dessen Bezug dem Minderheitenangehörigen verboten ist. Sie wiegen aber überaus schwer und können auf die Dauer geradezu zu einer geistigen Aushungerung der Minderheit führen.

Ein weiterer Schlag gegen die geistige Bildung in den Privaterziehungsanstalten, die die Minderheit unterhält, ist die Vorschrift, daß die Abgangszeugnisse von Privatanstalten nur bei nachträglicher Ablage einer staatlichen Prüfung gültig sind. Die unklare Fassung der Art. 7 mut. mut. Abs. 3 gibt nicht einmal eine unanfechtbare klare Auslegung darüber, ob die Freiheit des Gebrauchs der Muttersprache das Recht einschließt, bei staatlichen Prüfungen die Möglichkeit der Ablage der Prüfung in der Muttersprache zu verlangen. Selbst bei tadelloser Bildung in den Privatschulen der Minderheit kann durch die Vorschrift staatliche Prüfungen (Bakkalaureatsprüfung in Rumänien) in der Staatssprache abzulegen, das äußere Ergebnis der Bildung den formalen Befähigungsnachweis über die Vollendung dieser Bildung zu erbringen, nahezu unmöglich gemacht werden.

Zusammenfassend kann über die Bestimmungen des Art. 8 mut. mut. gesagt werden, daß, trotzdem äußerlich der Charakter eines überaus freiheitlichen Rechtes erweckt wird, in Wirklichkeit die Garantie des Rechtes so mangelhaft ist, daß zahlreiche Methoden der Umgehung des Sinnes des Vertrages ohne formalen Vertragsbruch gegeben ist.

f) Öffentliches Bildungswesen.

Besonders lückenhaft sind die Vorschriften über die Behandlung der Minderheiten im öffentlichen Unterrichtswesen. Bereits im vorhergehenden Kapitel wurde festgestellt, daß die Vorschrift, Schulunterricht in der Minderheitensprache einzurichten, eine räumlich geringere Geltung hat als die Vorschriften der Art. 1, 2, 7 und 8 mut. mut. Der das öffentliche Minderheitsschulwesen betreffende Art. 9 und mut. mut. hat keine Geltung für das sog. Kongreßpolen und für die vor dem 1. Jan. 1913 zu Serbien gehörenden Gebiete. In diesem Artikel liegen mit die Hauptmängel des Karitativrechtes.

Der die Schulen betreffende Teil des Artikels schreibt vor, daß in den Gebieten des Staates, in denen Angehörige der Minderheiten in beträchtlichem Verhältnis wohnen, der Unterricht in den niederen Schulen (Volksschulen) in der Muttersprache erteilt werden muß. Die Staatssprache darf aber als pflichtmäßiges Unterrichtsfach eingeführt werden.

In dieser Bestimmung kommt so recht zum Ausdruck, daß das Ziel des Sprachschutzes in den Minderheitenverträgen nicht der Kulturschutz ist, sondern daß der Sprachschutz aus der reinen Zweckmäßigkeitserwägung heraus geboren ist, daß die Tätigkeiten, für die der Sprachschutz eingerichtet ist, eben nicht in einer anderen Sprache erfolgen können. Aber der Schutz der Sprache soll nicht das Kultur- und Nationalbewußtsein unterstützen. Hätte man den Kulturschutz gewollt, so wäre der Art. 9 ein völlig untauglicher Ausdruck für diesen Willen.

Zunächst ist die Verpflichtung des muttersprachlichen Unterrichts auf die Volksschule beschränkt. Und auch hier ist die Frage offen gelassen: wer soll diesen Unterricht erteilen? Es ist also ohne Vertragsverletzung die Möglichkeit, von der die meisten Staaten auch in überreichlichem Maße Gebrauch machen, gegeben, den Unterricht wohl in der Sprache der Minderheit, aber von Lehrkräften, die dem Staatsvolk angehören und die Minderheitensprache nur als Fremdsprache beherrschen, erteilen zu lassen. Das tatsächliche Ergebnis ist also, daß gerade der muttersprachliche Unterricht der von volksfremden Lehrkräften erteilt wird, das stärkste Mittel zur Erreichung der Assimilation ist. Von einer Pflege der nationalen Kultur der Minderheit ist hier natürlich nicht die Rede. Der minderheitensprachige Unterricht, der von Angehörigen des Mehrheitsvolkes erteilt wird, ist ein dauernder Angriff, eine dauernde Unterhöhlung der geistigen nationalkulturellen Eigenart der Schüler.

Die Möglichkeit, volksfremde Lehrkräfte in den Minderheitenschulen zu verwenden, hat aber auch verschiedene Rückwirkungen auf die Schulen, in denen von volksangehörigen Lehrkräften unterrichtet wird. Abgesehen davon, daß meist im Staatsdienst nur volksangehörige Lehrer mit sehr wenig ausgeprägter nationalkultureller Einstellung angestellt oder in Stellung belassen werden, wirkt die Tatsache ev. eines vorgesetzten volksfremden Oberlehrers und überhaupt die Tatsache des jederzeit möglichen Ersatzes durch eine volksfremde Lehrkraft lähmend auf die selbständige geistige, nationalkulturelle Tätigkeit der volksangehörigen Lehrkräfte.

Es fehlt also selbst für ein loyales Karitativrecht in den Minderheitenverträgen die Bestimmung, daß die Lehrkräfte der Minderheit selbst oder der Volksgemeinschaft der Minderheit entnommen werden müssen.

Bestimmte international verbindliche Vorschriften über die Zahl der Schüler, für die eine Minderheitsschule errichtet werden muß, bestehen auch nicht. Ebenso ist das Recht des Zusammenschlusses der Minderheitsangehörigen mehrerer Kommunen zu Schulverbänden, die zusammen die Errichtung einer Minderheitenschule fordern könnten, nicht garantiert.

Das gesamte übrige öffentliche Bildungswesen ist vertraglich ungeregelt, sofern nicht die eine oder andere Teilfrage den allgemeinen Bestimmungen untergeordnet werden kann.

Ungeregelt ist das Lehrerbildungswesen. Da den Staaten nicht die Verpflichtung zur Errichtung von Lehrerseminaren in der Minderheitensprache und für Minderheitenangehörige auferlegt ist, ist den Staaten die Möglichkeiten gegeben, die Errichtung solcher Seminare zu unterlassen und dadurch den Nachwuchs von volksangehörigen neuen Lehrkräften zu verhindern.

Ungeregelt ist das höhere Schulwesen. Sofern nicht die Möglichkeit besteht, die Schüler der Minderheiten in einer privaten höheren Schule der Minderheit unterrichten zu lassen (deren Abschlußprüfung wiederum ev. durch staatliche Schlußexamina erschwert ist) so muß ein Angehöriger der Minderheit die staatliche höhere Lehranstalt mit der Staatssprache als Unterrichtssprache besuchen. Der ev. schon in der Volksschule im Sinne des Staatsvolkes beeinflußte Schüler wird dann in der staatlichen Mittelschule noch mehr seinem Volkstum entzogen.

Ungeregelt ist ferner die Frage des Hochschulstudiums. Es ist anzuerkennen, daß es in sehr vielen Fällen nicht möglich sein wird, Hochschulen für die Minderheiten einzurichten. Jedoch fehlt hier in den Verträgen vollkommen eine klare Bestimmung, die es den Minderheitenangehörigen ermöglicht, ihr Hochschulstudium an Hochschulen des Auslandes zu vollenden, und weiter eine Bestimmung, die wenigstens bezüglich verschiedener wissenschaftlicher Fächer die Prüfungen, die an der Hochschule eines europäischen Kulturstaates abgelegt werden, den Prüfungen des eigenen Staates gleichstellt. Letztere Anerkennung ist heute noch eine Seltenheit. Darüber hinaus wird aber von verschiedenen Staaten den Minderheitenangehörigen, die an einer Auslandshochschule zu studieren wünschen, jede erdenkliche Schwierigkeit in den Weg gelegt.

g) Bestimmung des Minderheitscharakters.

Endlich fehlen genaue Bestimmungen über das Koalitionsrecht der Minderheiten und vor allem eine genaue Bestimmung für die Feststellung: Was ist überhaupt eine nationale Minderheit? Mello-Franco konnte die Bestimmung des Minderheitencharakters von einer recht komplizierten wissenschaftlichen Untersuchung abhängig machen, ohne Widerspruch im Völkerbundsrat zu finden. Mangels irgendwelcher Bestimmungen darüber kann angenommen werden, daß zunächst einmal der verpflichtete Staat selbst den Minderheitencharakter bestimmt, und es ist nicht immer sicher, ob er hier dem Willen der beteiligten Bevölkerungen Rechnung trägt. (So leugnet z. B. Südslawien den Minderheitscharakter der Mazedonier.) Letzten Endes hat ev. der Völkerbund oder der Ständige Internationale Gerichtshof über die Feststellung, ob die Voraussetzungen für die Anerkennung einer Minderheit vorliegen oder nicht, zu entscheiden. Und es ist bisher nichts bestimmt, nach welchen Grundsätzen diese Feststellung zu treffen ist. Die Entscheidung kann also nach dem Ermessen, d. h. ev. nach Willkür, erfolgen. Eine Befragung der Minderheit selbst ist entsprechend der Ausschaltung der Minderheit als Subjekt, wie sie im Karitativrecht besteht, nicht vorgesehen.

Die Schwierigkeiten der Unterscheidung, in welchen Fällen eine Gemeinschaft als nationale Gemeinschaft bezeichnet werden kann, sind bereits im I. Teil der Arbeit festgestellt worden. Wenn auch die objektive Feststellung, wie angenommen wurde, zur Bestimmung des Bestehens einer Nation nicht ausreicht, so wird man hier zweifellos der subjektiven Feststellung durch die Betroffenen, also dem Bekenntnisprinzip die Entscheidung überlassen müssen.

Nur die vertragsmäßige Anerkennung des Bekenntnisprinzips kann die Ungerechtigkeiten ausschalten, zu denen das System der Bestimmung durch den souveränen Staat oder den Völkerbund führen muß.

4. Abschnitt.

Die Unzulänglichkeit des Minderheitenverfahrens.

Fast noch unzulänglicher als das materielle Minderheitenrecht ist das Minderheitenverfahren vor dem Völkerbund. Schon bei der prinzipiellen Kritik des Karitativsystems ist auf verschiedene Mängel des Verfahrens hingewiesen worden. Auch hier ist zunächst einmal eine Unzulänglichkeit innerhalb des geltenden Verfahrens selbst, weiter eine Unzulänglichkeit des Verfahrens überhaupt festzustellen.

a) Unzulänglichkeiten innerhalb des geltenden Verfahrens.

Das Verfahren kann nach Art. 12 und mut. mut. der Verträge eingeleitet werden, wegen jedes Bruches und der Gefahr eines Bruches der Minderheitenverträge. Der Begriff des Vertragsbruchs ist klar. Jedoch bedürfte der Begriff der „Gefahr eines Bruches“ einer genaueren Bestimmung. Es wäre hier an sich durch eine Auslegung des Begriffes „Gefahr eines Bruches“ die Möglichkeit gegeben, Verfahren gegen die dem Sinn der Verträge widersprechende Ausnützung der im vorhergehenden Kapitel erwähnten Unzulänglichkeiten in der genauen Definition des Vertragsinhaltes einzuleiten. Denn zweiffellos begründet eine solche Umgehung des Vertragssinnes die Gefahr eines Bruches. Eine solche Auslegung ist aber nicht erfolgt. Im Gegenteil! Wie bereits bemerkt, wünscht Punkt I der Resolution der Völkerbundsversammlung vom 21. Sept. 1922, daß die gewöhnlichen Fälle („dans les cas ordinaires“) der Meinungsverschiedenheiten durch die guten Beziehungen zwischen Minderheiten und Staaten sowie durch die guten Beziehungen von Völkerbund und Staaten geregelt werden sollen. Hier liegt, wenn auch im Prinzip durchaus anerkannt werden soll, daß private Fühlungnahme oft ein gut gangbarer Weg zur Lösung eines Konfliktes ist, ein retardierendes Moment für das Verfahren, das geradezu dazu mißbraucht werden kann, ein Verfahren nach Möglichkeit auszuschalten.

Weitere unklare Formulierungen liegen bei den Zulässigkeitsvoraussetzungen für Minderheiteneingaben an den Völkerbund vor. Es ist klar, daß solche Eingaben nur den vertragsmäßigen Schutz, keine Veränderung der Staatsangehörigkeit zum Gegenstand haben, und daß sie nicht aus anonymer Quelle stammen dürfen. Doch schon die Bestimmung, daß sie auch nicht aus schlecht angegebener Quelle stammen dürfen, ist entweder überflüssig oder ein Anlaß zur Einschiebung eines Willkürmoments. Entweder es geht aus der Unterzeichnung der Eingabe nicht hervor, von wem sie stammt: dann ist sie anonym. Oder der Antragsteller ist ersichtlich, dann muß die Quellenangabe auch genügen. Es ist deshalb zu wünschen, daß das französische „mal établie“ aus dem Text der Verfahrensentschließungen verschwindet.

Auch erscheint es überflüssig, in die Verfahrensvoraussetzungen die Bestimmung aufzunehmen, daß die Eingaben nicht in beleidigendem Ton abgefaßt werden dürfen. Das recht sensible Gefühl verschiedener Staaten, insbesondere solcher jüngeren Entstehungsdatums, kann zu leicht zum Anlaß genommen werden, zunächst einmal eine Diskussion über den „Zulässigkeitston“ in Gang zu bringen, um dadurch das eigentliche Verfahren zu verzögern.

Weiterhin dürfen die Eingaben keine Fragen zum Gegenstand haben, die erst kürzlich Gegenstand eines Verfahrens gewesen sind. Auch hier wäre in bestimmten Fällen eine Modifikation wünschenswert, insbesondere für den Fall, daß durch eine Entscheidung des Völkerbundes der Bruch des Vertrages nicht hinreichend beseitigt wurde.

Eine weitere unklare Bestimmung ist, daß die Frist zur Eingabe der „Bemerkungen des interessierten Staates“ durch den Ratspräsidenten über die übliche zweimonatige Frist hinaus verlängert werden kann. Es wäre hier unbedingt erforderlich, eine Höchstgrenze für die Eingabe dieser Bemerkungen festzusetzen, da auch hier wiederum ein Willkürmoment vorliegt, das Verfahren hinauszuzögern. Eine Festsetzung einer Höchstgrenze wäre nur bei einer Beteiligung der Minderheit am Verfahren entbehrlich, wenn in einem solchen Fall die Frist im Einvernehmen mit der Minderheit verlängert werden könnte.

Die Zusammensetzung des Dreierausschusses hat sich im Verlauf der Völkerbundentschließungen ebenfalls ganz wesentlich kompliziert. Es ist klar, daß der Staat, in dessen Grenzen die Minderheit wohnt, als Partei aus dem Dreierausschuß ausscheiden muß. Es ist ebenfalls noch verständlich, daß der Staat, in dessen Staatsgebiet die Mehrheit der Staatsbürger der gleichen Nation angehört, wie die Minderheit, aus demselben Gesichtspunkt vom Dreierausschuß ausgeschlossen wird. Bedenklich ist jedoch die Bestimmung, daß ein Staat, der dem Herbergsstaat der Minderheit benachbart ist, ebenfalls vom Dreierausschuß ausgeschlossen ist. Die genaue Anwendung dieser Vorschrift ermöglicht es, überhaupt fast nur den an der Minderheitenfrage überhaupt uninteressierten europäischen oder aber außereuropäischen Staaten, in dem für die Ingangsetzung des Verfahrens so ungemein wichtigen Dreierausschuß vertreten zu sein. Es wird dagegen in Völkerbundskreisen angeführt, daß ja auch gegen die Entscheidung des Dreierausschusses das Recht eines Ratsmitgliedes, das Verfahren zu fordern, bestehen bleibt. Das ist richtig. Aber es bleibt für diesen Fall immer die Notwendigkeit bestehen, daß das Ratsmitglied, das trotzdem das Verfahren wünscht, den Dreierausschuß, dessen Entscheidung überdies noch eine gewisse Vorentscheidung darstellt, die auch bei der Hauptentscheidung von psychologisch nicht zu unterschätzendem Gewicht ist, desavouiert. Ein solches Mißtrauensvotum wird mehr Verstimmung schaffen, als die im Dreierausschuß selbst entschieden erhobene Forderung, das Verfahren in Gang zu setzen.

Ein weiterer Hauptfehler des gegenwärtigen Verfahrens ist seine Länge. Wir haben unter II., Teil II, 5c festgestellt, daß das Verfahren über eine Minderheitenbeschwerde, falls sich ihrer nicht sofort ein Ratsmitglied annimmt, nicht weniger als 7 entscheidende Phasen zu durchlaufen hat. Zudem kommen die Minderheitenbeschwerden infolge der verhältnismäßig wenigen Ratstagungen oft nur ganz oberflächlich zur Behandlung, oft werden sie wieder auf weitere Ratstagungen verschoben. Es ist daher bei jeder Minderheitenbeschwerde mit einer mindestens mehrere Monate dauernden Frist bis zu ihrer Erledigung zu rechnen. In Wirklichkeit wird sogar in Völkerbundskreisen zugegeben, daß eine Unzahl von Eingaben überhaupt unerledigt liegen bleibt.[1]) Die genannten langen Verzögerungen des Verfahrens können jedoch den Wert des

[1]) Vgl. Vortrag der 2. Vorsitzenden der Minderheitenkommission Frau Dr. Bakker van Bosse in der Münchner Universität am 29. Nov. 1927.

Verfahrens überhaupt illusorisch machen. Es sei hier z. B. angeführt, daß die Aufnahme eines neuen Schuljahrgangs in die Minderheitenschule strittig ist. Der Staat weist die Kinder in die fremdnationale Schule ein. Die lange Hinausziehung des Verfahrens über einen solchen Streitfall ermöglicht dem Staat immer, vollendete Tatsachen zu schaffen, die sich wesentlich schwerer beseitigen lassen, als sich bei einem beschleunigten Verfahren ihre Schaffung verhindern ließe. (Vgl. Oberschlesischer Schulstreit ab 1927.)

b) Unzulänglichkeit des Verfahrens überhaupt.

Bereits bei der prinzipiellen Kritik des Karitativrechtes wurde der Fehler der Verschiebung des Minderheitenschutzes aus der Rechtssphäre in die politische Machtsphäre festgestellt. Als eine der wesentlichsten Forderungen für ein annehmbares Verfahren wäre deshalb die prinzipielle Verweisung der strittigen Fragen des Minderheitenrechts an den Ständigen Internationalen Gerichtshof im Haag zu verlangen. Einigermaßen wäre dadurch die ständig akute Gefahr zu vermeiden, daß die Minderheiten zum Austauschobjekt bei den politischen Kompromissen der Großmächte des Völkerbundsrates werden.

Der Hauptmangel des Verfahrens ist jedoch, wie ebenfalls bereits festgestellt, im Karitativsystem begründet und besteht darin, daß die Minderheit selbst nur ein nicht teilnahmeberechtigtes Objekt des Verfahrens, nicht aber Prozeßpartei ist. Der Mangel ist nur dadurch zu beseitigen, daß das unilaterale Verfahren in ein bilaterales umgewandelt wird und dadurch aus dem Kreis der Geschäfte der Geheimdiplomatie ausscheidet.

Ein gerechter Verfahrensgang müßte den Minderheiten nach folgenden Gesichtspunkten eine aktive Prozeßlegitimation zugestehen:

1. Die Minderheit müßte durch ihre Spitzenvertretung, deren Aufstellung die Staaten natürlich keine Hindernisse in den Weg legen dürfen, das Recht haben, das Verfahren durch eine förmliche Klage in Gang zu setzen.
2. Die Spitzenvertretung der Minderheit müßte das Recht haben, ebenso wie der verpflichtete Staat, bei allen Phasen des vor dem internationalen Gerichtshof sich abspielenden Verfahrens als Prozeßpartei beteiligt zu sein, Beweismaterial vorzubringen, Beweisanträge zu stellen und an der Untersuchung teilzunehmen.

3. Die Minderheit müßte das Recht haben, beim Völkerbundsrat den Antrag auf Völkerbundexekution gegen den verpflichteten Staat zu stellen, wenn er die Entscheidung des Gerichtshofes nicht ausführt.

Nur bei Berücksichtigung dieser Gesichtspunkte wäre die Möglichkeit gegeben, wenigstens de jure das Verfahren in die Rechtssphäre zu überführen und auf diese Weise wenigstens den karitativen Charakter der tatsächlichen Ausführung des Karitativrechtes zu beseitigen und eine gewisse Garantie für die Achtung wenigstens der in den Minderheitenverträgen festgelegten Rechte zu schaffen.

Da im Art. 12 und mut. mut. die Bestimmung enthalten ist, daß der Völkerbundsrat befugt ist, alle Maßnahmen zu treffen und alle Weisungen zu geben, die nach der Lage des Falles zweckmäßig und wirksam erscheinen, und da in demselben Artikel dem Rat auch die Befugnis vorbehalten ist, den Ständigen Internationalen Gerichtshof mit dem Streitfall zu befassen, so würde die Annahme der oben genannten neuen Verfahrensgrundsätze nicht eine Abänderung der Minderheitenverträge bedeuten, sondern lediglich eine Erneuerung der über das Minderheitenverfahren gefaßten Ratsbeschlüsse notwendig machen. Prinzipiell ist das Abänderungsrecht der Ausführungsbestimmungen zum Art. 12 mut. mut. bereits dadurch anerkannt, daß das Minderheitenverfahren durch verschiedene Völkerbundsratsbeschlüsse bereits Modifikationen erfahren hat. Eine Reform der Bestimmungen über das Verfahren in diesem Sinne ist auch im Völkerbund selbst auf der 10. Tagung des Völkerbundes (14. Sept. 1925) durch den ungarischen Völkerbundsdelegierten Grafen Apponyi angeregt worden, der mit vollem Recht von der Mangelhaftigkeit des Verfahrens (défectuosité de la procédure) und von dem Eindruck der Schutzlosigkeit sprach, den die Auslieferung an den politischen Kompromiß bei den Minderheiten erwecken müsse. Daß es im Interesse des Friedens liegt, ein Gefühl der Rechtlosigkeit, dem Verzweiflungstaten entspringen können, zu beseitigen, liegt auf der Hand.

5. Abschnitt.

Möglichkeiten der Reform des Karitativrechtes.

In den vorhergehenden Kapiteln, in denen die Kritik des geltenden Minderheitenrechts vorgenommen wurde, ist zugleich der Weg aufgezeigt, den ein loyal handelnder karitativer Minderheitenschutz einschlagen müßte, um das für das Karitativsystem überhaupt erreichbare Maß von Vollkommenheit zu erlangen.

Die Reform müßte, um die genannten Fehler auszugleichen und die vorgeschlagenen Gesichtspunkte zu verwirklichen, folgende Wege gehen:

1. *Das geltende Karitativrecht müßte authentisch extensiv interpretiert werden. Hiezu wäre erforderlich ein entsprechendes Referat vor dem Völkerbundsrat, dessen Inhalt durch eine Entschließung des Rates gutgeheißen wird.*
2. *Die im geltenden Karitativrecht nicht geregelten und als einer Regelung bedürftig bezeichneten Gebiete müßten in die Verträge miteinbezogen werden. Hiezu wäre ein Einverständnis des Völkerbundsrates einschließlich der Zustimmung des durch den Vertrag verpflichteten Staates nötig.*
3. *Das gegenwärtig in Kraft befindliche Minderheitenverfahren müßte in dem oben genannten Sinn in ein kontradiktorisches und richterliches umgewandelt werden. Dieses Ziel ist nahezu vollkommen durch eine Entschließung des Völkerbundsrates über die Verfahrensfrage zu erreichen.*

In Anbetracht der im II. Teil, 3. Abteilung, Abschnitt 1, 3 und 4 festgestellten Fehler des geltenden Rechtes kann auf eine nochmalige Aufzählung der notwendigen Richtigstellungen verzichtet werden.

Ebenso sollen hier nicht die zahllosen privaten Bestrebungen zur Reform des Minderheitenrechts, soweit sie sich auf das Karitativrecht beziehen, genannt werden. Die bedeutsamsten gehen vom Weltverband der Union der Völkerbundsligen und der Interparlamentarischen Union aus. Die Minderheitenkommission der Völkerbundsligen, die seit Jahren in überaus verdienstvoller Weise unter der Leitung des englischen Minderheitensachverständigen Sir Willoughby Dickinson arbeitet, hat eine große Anzahl der genannten Fehlerquellen aufgefunden und bekämpft. Was aber notwendigerweise diese Arbeit ebenso wie alle anderen am Karitativrecht arbeitenden Persönlichkeiten und Organisationen behindert, ist, daß sie immerhin von der Grundeinstellung ausgehen, daß das Karitativrecht eine Endlösung bringen kann. Es fehlt allen diesen Bestrebungen meist der grundsätzliche Zug zum Eigenrecht, selbst wenn ihre Vorschläge in manchen Punkten hart an die Forderung nach Eigenrecht hinreichen.

Aus dem Grund, daß die vorliegende Arbeit von der Grundlage des Eigenrechts als einzig möglicher Endlösung ausgeht, ist hier auch darauf verzichtet, alle Bestrebungen einer Reform des Karitativrechtes zu registrieren.

Hier sei jedoch noch eine Frage, die auch im Völkerbund bereits mehrfach aufgetaucht ist, der Betrachtung unterzogen: die Frage der Generalisierung des Minderheitenschutzes. Es ist bereits darauf hingewiesen, daß der ungarische Delegierte Graf Apponyi sie auf der 10. Völkerbundsversammlung aufgerollt hat. Mello-Francos Bericht entspringt großenteils der Angst vor der Generalisierung des Minderheitenrechtes, die er heftig ablehnt. Unter dem Schlagwort der „Generalisierung des Minderheitenrechts“ versteht man die Ausdehnung der Minderheitenschutzvorschriften auf alle Mitgliedsstaaten des Völkerbundes oder, da diese unmöglich ist, im engeren Sinne die Ausdehnung auf alle europäischen Mitgliedsstaaten des Völkerbundes.

Die Forderung nach Generalisierung des Minderheitenschutzes ist von zwei Seiten erhoben worden:

1. Von seiten der vertraglich gebundenen Staaten, die in der ungleichen Bindung Minderung ihrer Souveränität gegenüber der der vertragsfreien Staaten sahen.
2. Von seiten der in den vertragsfreien Staaten wohnenden und großenteils schutzlos der Unterdrückung ausgelieferten Minderheiten.

Die Gegner der Generalisierung führen als Grund der Ablehnung an: Minderheitenverträge seien für die Staaten geschaffen worden, in denen das Vorhandensein von Minderheiten festgestellt ist. Die Annahme der gleichen Bestimmungen durch alle Staaten, würde „eingebildete Kranke“ schaffen. D. h. Minderheiten, die sich vordem selbst niemals als solche gefühlt haben, würden nunmehr auf Grund dieser Verträge durch Agitation künstlich geschaffen werden und nach Schutz verlangen, so daß sich die Staaten geradezu in Minderheiten auflösen würden.

Die Gefahr eingebildeter Kranker besteht zweifellos (Friesen!). Ebenso sicher besteht aber die Unterdrückung vollständig schutzloser und durch keinen Minderheitenvertrag unterstützter Nationalitäten (Deutsche und Slawen in Italien, Katalaner in Spanien usw.). Um gegenüber diesen Minderheiten der Gerechtigkeit Genüge zu leisten, wird es im Rahmen des Karitativrechtes unerläßlich sein, die Generalisierung zu verlangen. Eine Verweigerung dieser Forderungen wäre gleichbedeutend mit z. B. einer Beschränkung der sozialen Fürsorge auf einige Staaten unter Angabe des Grundes, daß ein Fürsorgerecht auch von Unwürdigen geltend gemacht werden könnte. Der Völkerbund muß es eben als zuständige Instanz verstehen, sich der Unwürdigen zu erwehren. Daß die Gefahr übrigens nicht zu groß ist, beweist, daß sie bis heute innerhalb der tatsächlich gebundenen Staaten noch nie zu ernsthafter Bedeutung gelangt ist. Denn die Gefahr der eingebildeten Kranken besteht ja nicht nur für die vertragsfreien Staaten, sondern in ganz gleicher Weise doch auch innerhalb der generell zum Minderheitenschutz verpflichteten Staaten.

Festzustellen ist allerdings, daß diese Gefahr innerhalb des Karitativsystems größer ist als bei der Gewährung von Eigenrecht. Karitative Maßnahmen reizen immer zum Fordern an. Wie in der sozialen Fürsorge neben Hunderttausenden von notleidenden Armen auch Querulanten einen ihnen nicht zukommenden Vorteil zu erhaschen suchen, so wird es bei der wie festgestellt notwendigen Generalisierung, d. h. eben überhaupt innerhalb des Systems des Karitativrechtes ebenfalls Fordernde geben, die Vorteile erzielen wollen, die ihnen nicht zukommen.

Ganz anders ist dies bei der Gewährung von Eigenrechten. Die Lasten einer Autonomie, die Selbstarbeit und Selbstverantwortlichkeit voraussetzt, werden nur die übernehmen, die sich wirklich als Träger einer Kultur fühlen, für die sie bereit sind einzutreten.

*

Die im II. Teil der vorliegenden Arbeit behandelten Bestimmungen des Karitativrechtes erschöpften das Thema „Karitativrecht“ nicht vollkommen. Neben den Verträgen gibt es noch eine Anzahl innerstaatlicher Rechtsvorschriften, insbesondere über das Schulwesen. Die fallen aber nicht aus dem Rahmen des Systems. Sie sind meist nur maßgebend für die Art der Anwendung des Karitativsystems in den betreffenden Staaten.

Überblickt man das ganze System des Karitativrechts, so muß man als Gesamtkritik nochmals wiederholen:

Man mag das Karitativrecht ausbauen, wie man will, und es wird die geistigen Ursachen der Völkergegensätze trotzdem nie beseitigen. Denn es erhält aufrecht, wogegen jedes Kulturvolk sich mit der ganzen Kraft seiner Seele wehrt: die Beherrschung der geistigen Entwicklung des Minderheitenvolkes durch das Diktat des Mehrheitsvolkes, durch die Fesseln, die der Staat der kulturellen Betätigung auf-

erlegt oder auch nur auferlegen kann. Denn selbst die freiheitlichste Handhabung des Karitativrechts läßt die Tatsache des „minderen Rechts", unter dem die Minderheit als Gnadenempfänger steht, nicht vergessen und wird zwangsläufig die Gegeneinanderordnung der Völker als Folge der zentralistischen Über- und Unterordnung zeitigen. Selbst das Zugeständnis eines an sich befriedigenden tatsächlichen Kulturschutzes wird die Tatsache der mangelnden positiv-rechtlichen Gleichstellung nicht auszugleichen vermögen. Das Streben der Völker, die Objekt fremden Rechts sind (alieni juris) wird rastlos das Ziel haben, zum Subjekt eigenen Kulturrechts (sui juris), zum Herrn über den eigenen Geist und die eigene Seele zu werden. So wird die brennende Nationalitätenfrage Europa vor die Entscheidung stellen, in ungeheuerer geistiger Evolution gleiche Rechtsvoraussetzungen für die kulturelle Entwicklung aller Völker zu schaffen oder abzuwarten, bis die Unterdrückten mit Gewalt aus der Armeleuteluft der geistigen Staatenzuchthäuser herausdrängen und bis erneut ein im Völkerbrand aufflammendes Europa dem Untergang in anarchischer Atomisierung anheimfällt. Die Wahl ist gestellt! Europa hat zu wählen!

III. Teil.

Die Lösung der nationalen Frage: Das Eigenrecht der Völker.

1. Abteilung.

Die Atomisierung Europas und die Notwendigkeit ihrer Überwindung.

Als Ergebnis des I. und II. Teiles dieser Arbeit ist zusammenfassend festzustellen: die ursprünglichen Tendenzen, die die organische Einheit des Abendlandes anstrebten, sind verfallen. Im omnipotenten Staat ist die Spannung zwischen Völkern und Staaten immer mehr angewachsen und hat zu kriegerischen Entladungen Anlaß gegeben. Dem letzten großen Krieg der imperialistischen Machtpolitik ist ein Friede gefolgt, der die nationale Frage nicht löst. Die Bestrebungen, die Schädigungen, die aus dem ungelösten Nationalitätenproblem für das gegenwärtige Europa entstehen, durch karitative Schutzmaßnahmen zugunsten der Minderheitenangehörigen zu umgehen, sind fehlgeschlagen. Das Karitativrecht hat auch keine Aussicht, in Zukunft die nationale Frage zu lösen. Europa ist atomisiert.

1. Abschnitt.

Die europäische Politik.

Die politische Lage Europas beruht heute noch mehr als vor dem Kriege auf der Gegeneinanderordnung der Völker und der Staaten, die durch die Spannung zwischen Mehrheits- und Minderheitsvölkern innerhalb der Staaten begründet ist. Diese Eigenschaften, die von ständiger Unterdrückung wachgehalten werden, vergiften die politischen Beziehungen zwischen den Staaten so sehr, daß die ständige Gefahr neuer kriegerischer Entwicklungen für Europa gegeben ist. In gleicher Weise ist die innere

Ordnung der Staaten durch den innerstaatlichen Gegensatz zwischen nationaler Mehrheit (Staat) und Minderheit gefährdet. Attentate, Autonomistenprozesse, feindselige Demonstrationen sprechen deutlich genug dafür, wie nahe wir vor einem neuen Sarajewo, das die Welt in Brand setzt, stehen können. Die Tatsache, daß das Problem des europäischen Friedens und der europäischen Sicherheit in der Lösung des Nationalitätenproblems beruht, ist bereits im Teil I ausführlich festgestellt. Die in der Welt der materiellen Tatsachen vorhandene und psychologisch noch viel weitergehendere Atomisierung Europas muß beseitigt werden, wenn der latente Kriegszustand nicht eine europäische Dauererscheinung bleiben soll.

Daß die Erkenntnis sich in Europa durchgesetzt hat, daß der Betätigung des staatlichen und mit übersteigertem Nationalismus verknüpften Imperialismus Einhalt geboten werden muß, wenn nicht ganz Europa in erneuten Kriegen versinken soll, wird durch verschiedene Tatsachen bewiesen: man hat die politische Notwendigkeit einer Friedensperiode erkannt und versucht, den Frieden Europas durch Verträge zu sichern. Die vorgeschlagenen Methoden sind etwa folgende:

1. Internationale Garantie des Besitzstandes der Staaten.
2. Vertragsrechtliche Diplomatie in der Weise, daß die Staaten sich vertraglich verpflichten, die zwischen ihnen ausbrechenden Streitigkeiten der schiedsrichterlichen Entscheidung zu unterwerfen.
3. Einschränkung der Rüstungen.

Diese drei Maßnahmen wären erfolgversprechend, wenn sie ein Europa zur Grundlage hätten, dessen Friede eine Funkiton der verwirklichten größtmöglichen Gerechtigkeit ist. Das haben sie nicht. Der status quo auf dem das System „Sicherheit — Schiedsgericht — Abrüstung“ aufgebaut werden soll, ist ein Europa, dessen sogenannter Friede eine Funktion des angewandten Siegerwahnsinns ist. Die Propagandisten des genannten europäischen Sicherungssystems erfassen deshalb nicht das Problem des Gerechtigkeitsfriedens, d. h. die Herstellung eines Zustandes des psychischen Gleichgewichts der Völker, sondern das Problem der Erstarrung der europäischen Politik im Sinne des Rechts als Funktion der Macht. Ihre Bestrebungen wirken deshalb nicht im Sinne einer Evolution, sondern im Sinne ihrer Behinderung und müssen deshalb notwendigerweise die umstürzenden Kräfte stärken, anstatt sie zu schwächen.

Die Erkenntnis, daß Europa einer kriegslosen Zeit bedarf, ist zwar festzustellen. Ebenso festzustellen ist der Wille, ein europäisches Gefüge zu festigen. Aber der Erkenntnis ist nicht der Wille gefolgt, dieses Gefüge im Sinne einer großen psychischen Synthese des Abendlandes, also eines der stärksten Momente der politischen Konsolidierung zu gestalten, sondern nur die ideenlose Absicht, die Atomisierung zu erhalten und das atomisierte Europa von der Brachialgewalt zentralistisch beherrschen zu lassen[1]).

2. Abschnitt.

Die europäische Wirtschaft.

Besser als die Politik hat die Wirtschaft die Gefahren der Atomisierung Europas erkannt, da sie sich in der Wirtschaft ständig erkennbar auswirkt, während die direkte Auswirkung in der Politik erst mit der Katastrophe selbst eintritt. Die Auswirkungen der Gegeneinanderordnung der europäischen Menschen auf die europäische Wirtschaft waren knapp aufgezählt etwa folgende:

1. Die Kriege der Staaten haben unermeßliche Werte zerstört.
2. Die direkten bei Friedensschluß erkennbaren Auswirkungen des Krieges waren:
   a) Verschuldung fast aller europäischen Staaten an außereuropäische Staaten,
   b) Verringerung des fiktiven Lebensraumes der europäischen Menschen. Ein großer Teil der europäischen Menschheit lebt nicht vom Ertrag, der innerhalb des tatsächlichen Lebensraumes Europa erzielt werden kann, sondern von den Erträgnissen des Außenhandels, der Einfuhr, die durch Ausfuhr bezahlt wird. Er ist also auf einen fiktiven, veränderlichen Lebensraum angewiesen, der sich nach dem Bedarf der diesen Lebensraum tatsächlich beherrschenden Menschen an europäischen Waren bestimmt. Während der mehrjährigen Ausschaltung Europas aus dem Welthandel haben die außereuropäischen Staaten in zunehmendem Maße eigene Industrien aufgebaut. Das Bedürfnis ihrer Menschen nach europäischen Produkten ist also zurückgegangen, der fiktive Lebensraum der europäischen Menschen ist zusammengeschrumpft. Die Fortkommensmöglichkeiten für

[1]) Vgl. Genfer Protokoll und Art. 10 der Völkerbundssatzung.

alle europäischen Menschen ist zurückgegangen. Das Schwergewicht des Welthandels hat sich nach dem pazifischen Ozean verschoben[1]).

c) Der Friede ist wirtschaftlich großenteils auf dem Fehlschluß aufgebaut, daß ein Staat von der Ausbeutung eines anderen dauernden Vorteil ziehen kann. In Wirklichkeit wird dadurch psychologisch die Gegeneinanderordnung der Völker verschärft, der unterdrückte Staat scheidet auch als Abnehmer weitgehend aus.

3. Die infolge der Gegeneinanderordnung der Menschen weiterbestehende politische Spannung und Unsicherheit bewirkt weitere wirtschaftliche Schädigungen:

a) Jeder Staat wünscht für den Fall einer kriegerischen Auseinandersetzung aus eigenen Mitteln bestehen zu können. Er strebt die Autarkie an. Er strebt danach, sich gegen die Einfuhr abzukapseln, dagegen seine Ausfuhr zu erhöhen. Er handelt durch die Abkapselung gegen die internationale Arbeitsteilung. Um die Erwerbszweige, die im Ausland billiger produzieren als im Inland, künstlich großzuziehen, schützt er sie durch Hochzölle. Dadurch wird der Warenaustausch gehemmt und die Kosten der Lebenshaltung der Menschen werden erhöht.

b) Um einer kriegerischen Auseinandersetzung begegnen zu können, gibt der Staat große Mittel für Rüstungszwecke, also unproduktive Anlagen aus.

c) Durch das Bestreben, trotz der hohen Zölle noch einen konkurrenzfähigen Außenhandel aufrechtzuerhalten und trotz der hohen Steuern im Inland noch gewinnbringend zu produzieren, versuchen die Staaten großenteils alle augenblicklichen Verteuerungen der Produktion zu umgehen. Zu den erhöhten Ausgaben, die augenblicklich die Produktion verteuern, wenn sie sich auch auf lange Zeit hinaus neben ihrer ethischen Notwendigkeit wirtschaftlich bezahlt machen, gehören die Ausgaben für Sozialpolitik. Durch den verschärften Wirtschaftskampf werden die vom Internationalen Arbeitsamt ausgehenden Bestrebungen, die Sozialpolitik in allen Staaten

[1]) Vgl. Vortrag von Prof. Dr. Erich Obst über Europas Stellung in der Welt. Abgedruckt im Tagungsprotokoll 1927 des Arbeitsausschusses Deutscher Verbände.

zu heben, gehindert. Rückwirkend auf die Politik bedeutet diese wirtschaftliche Tatsache der Behinderung der Sozialpolitik eine Verschärfung des sozialen Kampfes und damit ein Moment des Umsturzes[1]).

d) Durch das Mißtrauen der Staaten gegen alle nicht dem Staatsvolk angehörenden Menschen, wird die innereuropäische Siedlung und Wanderung behindert. Der bei Gleichberechtigung der Völker mögliche Ausgleich zwischen Völkerdruckgebieten und Völkersauggebieten wird unmöglich, wenn die Staaten ihre Räume gegen Einwanderung, die das angeblich staatsfeindliche Element „nationale Minderheit" stärken könnten, verschließen. Diese Maßnahmen behindern wirtschaftlich insbesondere die Steigerung des Ertrages des landwirtschaftlichen Bodens in Europa und befördern dadurch die Abhängigkeit von außereuropäischen Staaten. Politisch liegt hier wiederum eine wirtschaftlich begründete, aber von der ungelösten Nationalitätenfrage ausgehende Kriegsgefahr vor, da das Nebeneinanderliegen von Völkerdruck- und Völkersauggebieten an Stelle der Siedlung auf Rechtsgrundlage — die evolutionäre Expansion — zu beleben, die revolutionäre Expansion, die Landnahme durch Kriegsmaßnahmen befördert.

Nahezu alle hier aufgeführten Schädigungen der Wirtschaft durch die politische Atomisierung und rückwirkend der wirtschaftlichen Schäden auf die politische Lage, sind in Wirtschaftskreisen erkannt worden und haben insbesondere in diesen Kreisen zur Erkenntnis der Notwendigkeit einer europäischen Wirtschaftseinheit geführt. Die 1927 in Genf tagende Weltwirtschaftskonferenz hat in dem Satz „Die Konferenz erklärt, daß der Augenblick gekommen ist, um der Erhöhung der Tarife (sc. Zolltarife) ein Ende zu machen und die entgegengesetzte Richtung einzuschlagen" die Behinderung des Warenaustausches, in der der Angelpunkt der wirtschaftlichen Atomisierung liegt, die Richtung einer Entwicklung im Sinne der europäischen Wirtschaftseinheit gewiesen. Die Wirtschaft ist also zur selben Forderung gelangt, wie die Nationalitätenbewegung: Überwindung der Atomisierung durch Überwindung der Omnipotenz der Staaten.

[1]) Vgl. Verlautbarungen des Chefs der Diplomatischen Division des Internationalen Arbeitsamtes, Dr. Dr. Berger in seinem Vortrag in der Münchner Universität.

Es ist nun die Frage aufzuwerfen: Kann die Wirtschaft von sich allein aus zur Verwirklichung ihrer Forderungen und zur Hebung der Wirtschaftskraft Europas gelangen? Diese Frage ist zu verneinen.

Träger der Wirtschaft ist der Mensch.

Träger des Staates ist der Mensch. Und zwar ist der innerhalb des Staates kraft Mehrheit oder Macht herrschende Mensch der bestimmende Faktor für die Handlungen des Staates auch auf wirtschaftlichem Gebiet.

Die Forderungen der Wirtschaft werden auf diesen staatsbeherrschenden Menschen eine ungemein starke Wirkung ausüben, denn er braucht wieder die Wirtschaft, um essen zu können.

Was aber die Wirtschaft von ihm verlangt, ist, daß er Stücke von dem Wall einreißt, den er um seine politische Macht aufzurichten für nötig hält und sich bezüglich der Bezugsmöglichkeit gewisser notwendiger Produkte in die Abhängigkeit vom Willen des staatsbeherrschenden Menschen eines anderen Staates begibt.

Er wird also den Forderungen der Wirtschaft nur dann Folge leisten, wenn er nicht fürchtet, von dieser Bindung Schaden zu leiden, d. h. wenn er nicht befürchten muß, als Auswirkung der psychischen Gegeneinanderordnung der Menschen von diesen notwendigen Produkten abgeschnitten zu werden.

Hier schließt sich der Kreis: die wirtschaftliche Verknüpfung Europas wird verwirklicht werden als Funktion eines psychisch gesicherten Friedens, wird also gleichzeitig mit der Lösung der nationalen Frage durch einheitliche Anerkennung des Rechtsprinzips der nationalkulturellen Freiheit erfolgen. Primär ist die Lösung der geistig-seelischen Frage. Der weitsichtige europäische Wirtschaftspolitiker wird deshalb als erfolgversprechendste Vorarbeit für den wirtschaftlichen Aufstieg Europas an der Bereinigung des geistigen Gegensatzes zwischen Staaten und Völkern mitzuarbeiten haben und wird sein Ziel als Funktion der Verwirklichung dieser ethischen Forderung erreichen.

Ebenso wie Politik und Wirtschaft durch die Atomisierung Europas aus ihren organischen Bahnen geworfen werden, so leidet auch die Kultur der Völker außer unter der Unterdrückung der nationalen Kulturen direkt, die unser Ausgangspunkt war, auch unter den Auswirkungen der Gegeneinanderordnung der Völker: unter dem Krieg und unter der wirtschaftlichen Not.

Es ist somit auf allen Gebieten des Lebens festzustellen, daß die Gegeneinanderordnung der Völker die wertezerstörenden Kräfte stärkt. Ihre Beseitigung und die Stärkung der werteschaffenden Kräfte kann nur durch die Umgestaltung der Gegeneinanderordnung der Völker in eine organische Nebeneinanderordnung erreicht werden.

Das Ziel muß also sein, zu erkennen, wie die Grundlagen des neuen Europa gestaltet sein müssen, um eine organische Synthese aller Kräfte zu ermöglichen und die Rechtsnormen zu schaffen und in Kraft zu setzen, die die Freiheit der geistigen Kräfte gewährleisten.

2. Abteilung.

Die Grundlagen einer Politik als Funktion des Rechts.

1. Abschnitt.

Die Abkehr vom materialistischen Machtprinzip.

Im 1. und 2. Teil dieser Arbeit kam zum Ausdruck, daß psychologisch gesehen die Gegeneinanderordnung der Völker dadurch zustandegekommen ist, daß eine mit tatsächlicher Macht ausgestattete Schicht, sei es nun eine Diktatur oder eine parlamentarische Mehrheit, versucht, ihre Herrschaft nicht nur im Sinne einer Beherrschung ihres Raumes und seiner wirtschaftlichen Güter auszuüben, sondern diese Herrschaft auch zur Gestaltung von Seele und Geist der in ihrem Herrschaftsbereich lebenden Menschen auszunützen.

Der omnipotente Staat, der Staat, der von seinen Herrschern als Selbstzweck, als ein Gebilde erklärt wird, das auch ohne geistige Bindungen zu den Untertanen zu haben, in jedem Sinn ihr Herr ist, vertritt den Grundsatz:

Objekt der Herrschaft ist, was mit materieller Macht äußerlich beherrscht werden kann.

Da aber die Rechtssetzung im tatsächlichen Sinn und die Erzwingung der Ausführung des Rechtes Akte des Staates sind, so kommen wir zu folgender Rechtstheorie des omnipotenten Staates:

Das Recht ist eine Funktion der materiellen Macht,

eine Theorie, die in dem Sprichwort unserer Zeit „Macht geht vor Recht“ weite Geltung erlangt hat. Was ist diese Theorie der materiellen, an keine übergeordneten Begriffe gebundenen Macht anderes, als ein ins Gigantische gesteigertes Faustrecht? Ein Faustrecht allerdings in so sorgfältig verkleideter, umschriebener Form, daß wohl der einzelne wie die Gemeinschaft sein tatsächliches Unrecht fühlt, sich aber seine Ursachen nicht erklären kann und die Wege, es zu ändern nur noch im gewaltsamen Umsturz sieht.

Es ist gegenüber der stets stärkeren inneren Ablehnung der Untertanen gegen einen Staat mit solchen Machtprinzipien nicht verwunderlich, daß der Staat versucht, die Bindungen zu vermehren, um seinem ethisch wankenden Gefüge größere Geschlossenheit zu geben. Aber auch hier beschreitet der Staat, der dem materialistischen Machtprinzip huldigt, stets den falschen Weg, d. h. statt des Weges der geistigen Synthese den Weg der äußerlichen Zusammenfassung, der Zentralisierung. Der Staat will nunmehr alles von sich selbst abhängig machen, alle Lebenskreise sollen direkt vom Staat abhängen, alles soll über- und untergeordnet werden, um in einer gemeinsamen Spitze seine Vereinigung zu finden. Es wäre durchaus falsch, zu glauben, daß der „durchorganisierte" zentralistische Staat, durch solche Maßnahmen an Geschlossenheit gewonnen hätte. Im Gegenteil! Die restlose Zentralisierung innerhalb eines Staates bedeutet stärkste Benützung der tatsächlichen Macht zum Zweck der Rechtssetzung, zur Schaffung neuer Über- und Unterordnung. Aus dieser machtgewordenen Über- und Unterordnung entstehen, wenn sie nicht dem Rechtsempfinden der Betroffenen Rechnung trägt, also geistig begründet ist, stets neue Konflikte. Die äußerliche Konzentration der Macht führt zur weiteren innerlichen Atomisierung des Staates, da durch das Diktat erneut geistige Bindungen zwischen Beherrschten und Staat zerstört werden. Es ist eine Unmöglichkeit, durch die Zentralisierung heterogener Lebenskreise eine geistig-seelische Synthese zu erzielen, in der die einzige Garantie des Bestandes menschlicher Ordnungen liegt.

Die Abkehr von diesem materialistischen Machtprinzip, das sehr häufig nur allzutief in das Bewußtsein der Menschen eingedrungen ist und sich nicht nur im Staat, sondern in der ganzen menschlichen Gesellschaft und allen ihren Erscheinungsformen auswirkt, ist die grundlegendste Notwendigkeit zur Neugestaltung Europas. An die Stelle erzwungener Bindungen müssen freiwillige treten, an die Stelle der Willkür eine Machtausübung, die ihr Recht nicht von der brutalen Gewalt, sondern von höheren ethischen Bindungen abzuleiten

imstande ist. Eine ungeheuere Erziehungsaufgabe ist zu erfüllen: die geistige Umformung der Menschheit eines Erdteils vom Materialismus zum Idealismus, vom Mechanismus zum Vitalismus, vom Machtdünkel zur freien Gebundenheit.

2. Abschnitt.

Das idealistische Machtprinzip.

Hat der Grundsatz „Recht ist eine Funktion der Macht" Europa atomisiert, so liegt in der Umkehrung dieses Satzes

„*Macht ist eine Funktion des Rechts*"

die Möglichkeit der Synthese begründet. Hieraus ergibt sich:

Objekt der Herrschaft ist, was zu Recht beherrscht werden kann.

Durch dieses idealistische Machtprinzip werden die Grenzen der Macht von einem übergeordneten Begriff, dem Begriff eines ethischen Rechtsgedankens bestimmt. Die Betätigung der staatlichen Macht, die Staatspolitik, dient dem Zweck, den Rechtsgedanken zum geltenden Recht zu gestalten und die Ausführung des geltenden Rechts zu gewährleisten. Die Grenzen der Macht liegen dort, wo ihre Betätigung aufhören würde, Funktion des genannten Rechtsprinzips zu sein. Als grundlegende Rechtsprinzipien, denen ein Staat die Ausübung seiner Macht unterzuordnen hat, seien folgende festgestellt:

a) *Das Prinzip der geistigen Freiheit.* Der Staat hat sich einer Einwirkung durch materielle Macht auf die seelisch-geistige Entwicklung seiner Untertanen freizuhalten. Die geistige Tätigkeit und seelische Einstellung der Staatsangehörigen ist unverletzlich. Das offene Bekenntnis zu einem geistig-seelischen Lebenskreis ist zu gewährleisten. Ebenso die Ausübung des Bekenntnisses zu einem geistigen Lebenskreis und das Koalititonsrecht der Staatsbürger zwecks dieser Ausübung.

b) *Das Prinzip der freiwilligen und rechtsbegründeten Gebundenheit.* Eine ebenso starke Notwendigkeit, wie die Vermeidung erzwungener Bindungen auf geistigem Gebiet ist die Notwendigkeit, die erzwungene Bindung durch freiwillige und rechtsbegründete Bindungen zu ersetzen, wenn die Freiheit nicht anstatt zur Synthese zur noch weitergehenden Atomisierung, zur Anarchie führen soll. Ob als übergeordnetes Prinzip materielle Brachialgewalt oder ideelle Macht des Rechtes angenommen wird, es wird in beiden Fällen der führende Mensch, der Repräsentant und Ausführender dieser

Macht ist, notwendig sein. Während aber bei der Zentralisierung heterogener Elemente die Gesamtheit vom Willen der Repräsentanten der Machtinhaber abhängig ist, also die materieller Macht entbehrenden geistigen Gemeinschaften Objekt anders eingestellter übergeordneter Machtinhaber sind, so ist durch das Prinzip der geistigen Freiheit in den Staaten, die sich zum idealistischen Machtprinzip bekennen, den Angehörigen der verschiedenen geistigen Lebenskreise kraft ihres Koalitionsrechts die Möglichkeit gegeben, sich zu Körperschaften, die auf freiwilliger Bindung beruhen, zusammenzuschließen.

Kraft freiwilliger Bindungen bilden sich im Staat geistige Gemeinschaften. Die Beziehungen zwischen dem Einzelindividuum und diesen geistigen Gemeinschaften beruhen nicht auf dem ursächlichen physischen Zusammenhang, daß das betreffende Individuum Staatsangehöriger des betreffenden Staates ist und deshalb ohne seinen eigenen Willen Objekt des auf irgendeine Weise zustandegekommenen Staatswillens auch bezüglich seiner geistigen Entwicklung wird, sondern auf der materiell unerklärbaren, metaphysischen Tatsache des Gefühls der Zugehörigkeit zu der betreffenden geistig-seelischen Gemeinschaft und demzufolge dieses Zugehörigkeitsgefühls gefaßten Entschlusses der freiwilligen Ein- und Unterordnung in der Gemeinschaft.

An Stelle einer Masse von Einzelindividuen steht nunmehr dem Staat eine Anzahl von Gemeinschaften als Zwischenglied zwischen ihm und dem Individuum in geistiger Beziehung gegenüber. Und hier bietet sich dem Staat die Möglichkeit auf Grund dieser Gemeinschaften seine Organisationsform auf den Boden freiwilliger Bindung zu stellen, dergestalt, daß er die Gemeinschaften als berechtigte Träger geistiger Güter und geistiger Entwicklung anerkennt, ihnen die Rechte staatlicher Körperschaften verleiht, sie also aus der Stellung gegen den Staat, in die sie durch den omnipotenten Staat gedrängt wurden, herausnimmt, um sie selbst zu Subjekten innerhalb des Staates zu gestalten. Der Staat delegiert ihnen einen Teil der Ausübung seiner Souveränität, d. h. sie pflegen den geistigen Lebenskreis, demzufolge sie entstanden sind, nicht nur kraft eigenen Rechtsgefühls, sondern kraft delegierter Autorität des Staates als seine Beauftragte. In materieller Hinsicht sind solche Delegationen staatlicher Wirksamkeit häufig (kommunale Selbstverwaltungskörper, Fürsorgeverbände, Handelskammern usw.), auch in geistiger Hinsicht haben wir in der Delegation der Ausübung der Pflege der Religionen an die Religionsgesellschaften in weitgehendem Maße bereits eine Verwirklichung dieses Grundsatzes. Fast verleugnet ist dieses Prinzip aber hinsichtlich der nationalkulturellen Lebenskreise.

Die vollständige Anerkennung dieser Lebenskreise, die den Staat auf neue Grundlagen stellt, wird die Gegeneinanderordnung in eine Nebeneinanderordnung wandeln. Da an die Stelle des Unterworfenseins der geistigen Entwicklung unter einen geistig heterogenen Lebenskreis das Eigenrecht der Pflege geistiger Güter als bestimmendes Subjekt der selbst erstrebten Entwicklung getreten ist, fällt der psychische Grund des Widerstandes gegen den Staat fort. Die Kräfte, die im omnipotenten Staat zur Ermöglichung ihrer Entwicklung zunächst die Sprengung der Staatsfesseln durch revolutionäre Akte anstreben müßten und dadurch Gefahr liefen, wertzerstörend zu wirken, werden nach Beseitigung der Hindernisse zu evolutionären Kräften innerhalb ihrer Lebenskreise und werden dort werteschaffend wirken. Werteschaffende Arbeit innerhalb der geistigen Gemeinschaften, die die organischen Träger des Geisteslebens innerhalb des Staates geworden sind, ist aber zugleich eine werteschaffende Tätigkeit für den gesamten Staat.

Der Staat, der die Nebeneinanderordnung der geistigen Gemeinschaften festgesetzt hat, wird so vom Zuchthaus zum Wohnhaus.

Neben dieser freiwilligen Gebundenheit wird sich jedoch auch eine rechtsbegründete Gebundenheit, die der Staat den Gemeinschaften als Begrenzung ihrer Tätigkeit auferlegt und die sich aus der Aufgabe des Staates, Macht als Funktion des Rechtes auszuüben, nicht umgehen lassen. Aus der Unverletzlichkeit geistig-seelischer Lebenskreise ergibt sich die Folge, daß nicht nur der Staat sich der Einwirkung auf die seelisch-geistige Einstellung der Gemeinschaften zu enthalten hat, sondern auch daß die Gemeinschaften gegenseitig die Unverletzlichkeit ihrer geistigen Lebenskreise unverbrüchlich achten. Der Staat als Inhaber der materiellen Macht muß hier als Garant des Rechts auftreten, muß die Gemeinschaften in ihren rechtsmäßigen Grenzen halten.

c) *Das Prinzip der materiellen Gleichberechtigung.* Außer der Freiheit des geistig-seelischen Bekenntnisses ist als Folge dieser Freiheit auch die selbstverständliche Notwendigkeit anzuerkennen, daß den Angehörigen jeder geistig-seelischen Gemeinschaft für ihr materielles Fortkommen die gleichen rechtlichen Möglichkeiten gegeben werden müssen. Es wäre eine Sabotierung der rechtlich anerkannten Geistesfreiheit, wenn die Möglichkeit offen gelassen wäre, Vorteile und Nachteile mit der Zugehörigkeit zu einer Gemeinschaft zu verknüpfen. Von einer tatsächlichen Ausführung der genannten Grundsätze kann nur dann gesprochen werden, wenn auch in materieller, wirtschaftlicher Hinsicht das freie Spiel der Kräfte im Rahmen von Gesetzen, die jedem die gleichen Rechtsvoraussetzungen für seine Tätigkeit gewähren, garantiert ist.

d) *Der Aufgabenkreis des Staates.* Der Aufgabenkreis des Staates wird durch diese Staatsauffassung ein weniger ausgedehnter. Aber gerade die Gebiete, die der Staat aus einer direkten Beherrschung ausscheidet, sind die Gebiete, auf denen der Gegensatz zwischen Staat und Staatsbürgern entstanden ist. Es sind die Gebiete, die eben einer bureaukratischen Verwaltung, einer Vereinheitlichung, einer Über- und Unterordnung unzugänglich sind. Nicht nur die aus der Gebundenheit gelösten Kräfte der geistigen Gemeinschaften werden durch diese Umwandlung des Staatsbegriffes zu erhöhter und besserer Wirksamkeit befähigt werden, auch der Staat selbst wird zu höherer, weil organischer Einheit gelangen. Er ist nicht mehr ein willkürlich gefügtes Konglomerat zusammengezwungener Massen, sondern die Summe seiner zu organischem Leben befähigter Teile.

Der Hauptgewinn des Staates beruht aber darin, daß die Ausübung seiner Herrschaft nun nicht mehr ausschließlich auf wandelbaren Machtverhältnissen beruht, sondern daß die Ausübung der Macht als Erfüllung einer ideellen Aufgabe erfolgt. Der Staat hat seine ideologische Begründung erlangt:

Er wird zum Schirmherrn des Rechts, zum Beschützer der Schwachen, zum Förderer — nicht mehr zum „Hersteller" — der Kulturen, zum Garanten der evolutionären Entwicklung der Geschichte.

e) *Der Föderalismus als Lebensform.* Wie nun die innere Ablehnung der Staatsbürger, soweit sie nicht der herrschenden Schicht angehören, gegenüber dem Machtstaat, diesen zur Gewinnnung größerer Einheit zum Zentralismus treibt, so wird auch der auf inneren Bindungen beruhende Rechtsstaat einer gewissen Einheit bedürfen. Nur wird er, ebenso wie er durch die einzelnen Gemeinschaften auf freiwilliger Bindung beruhende geistig-seelische Gruppen zugelassen und befördert hat, bestrebt sein, auch seine gesamte Lebensform auf freiwillige Bindung zu bauen. Seine Lebensform wird sich nicht auf zwangsweise Über- und Unterordnung, sondern auf Nebeneinanderordnung gründen. Seine Lebensform ist der Föderalismus in seinem wahren Sinn.

Als Föderalismus sei definiert: Föderalismus ist die vereinbarte und einseitig nicht abänderungsfähige Nebeneinanderordnung von Menschen oder Gemeinschaften unter gleichzeitiger Unterordnung der Nebeneinandergeordneten unter ein gemeinsames Ziel.

Hieraus ergibt sich eine vertragsmäßige Sicherung der vielgestaltigen Entwicklung, aus der sich leichter und tragbarer, als beim Zentralismus die Bereitwilligkeit der einzelnen Teile zur Gemeinsamkeit in den notwendig gemeinsamen Fragen ergibt.

Im föderal organisierten Staat spielt sich ein großer Teil der Verwaltungsarbeit innerhalb der eigenrechtlichen und eigenverantwortlichen föderalen Gemeinschaft ab, ohne daß die obersten Organe der Gesamtheit des Staates einzugreifen brauchen. Auf diesen Gebieten ist demnach einem Konflikt zwischen dem Staat und den auf seinem Staatsgebiet lebenden Gemeinschaften vorgebeugt. Dadurch, daß auf dem Gebiet des Wirkungskreises der föderalen Gemeinschaft die Selbständigkeit dieser Gemeinschaft rechtlich garantiert ist, fällt für die Fälle notwendiger Einordnung in einheitlich zu verwaltende Gebiete für die föderale Gemeinschaft der Anreiz, auf dem Gesamtgebiet des Staates eine föderale Prestigepolitik zu treiben weg, die psychologisch folgerichtig aus dem Kampf um die nicht garantiert föderale Existenz erwachsen müßte.

Prinzipiell besteht zwischen dem Autoritätsbegriff des föderalen und des zentralistischen Staates der Unterschied, daß im zentralistischen Staat der übergeordnete Begriff ein übergeordneter Mensch oder eine Mehrheit übergeordneter Menschen ist, während beim Föderalismus der übergeordnete Begriff ein Vertrag oder eine Vereinbarung ist, die einen den Teilen gemeinsamen Gedanken in sich faßt. Zentralismus ist auf Menschenfurcht gegründet, Föderalismus auf Furcht vor dem eigenen Gewissen. Wer freiwillige Bindung, freiwillige Arbeit, auf Freiwilligkeit aufgebaute Gemeinschaft erzwungener oder auch nur gleichgültig abhängiger Bindung vorzieht, wird sich für die föderale Gliederung des Staates entscheiden. Damit ist nicht nur ein regionaler, sondern auch ein geistig gefaßter Föderalismus gemeint.

Der Föderalismus ist die festeste und psychologisch gesehen richtigste Lebensform für Gemeinschaften, da in dieser Lebensform die Synthese zwischen dem Drang nach Selbständigkeit, nach Vereinzelung und Selbstverantwortlichkeit und der Notwendigkeit höherer Ordnung und Gemeinschaft gefunden wird.

Der Föderalismus ermöglicht als Lebensform der freien Gebundenheit den organischen Aufbau der menschlichen Ordnungen, abgestuft von der festgefügten geistigen Bekenntnisgemeinschaft über die Zweckgemeinschaft und die lose Zusammenarbeit bis zur nichtfeindlichen Nebeneinanderarbeit. Er gestattet es also, zwischen dem strengen Über- und Unterordnungsbegriff und dem — häufig von ersterem erst geschaffenen — Gegeneinanderordnungs-Begriff eine Fülle von Zwischenstufen zu schaffen, die die Möglichkeit evolutionärer Entwicklungen vermehren und die der revolutionären Entwicklung vermindern. Im Rahmen dieses Begriffes des Föderalismus als Lebensform haben auch die drei Staatsprinzipien, die wir als Grundprinzipien für die Leitung eines Staates, der den Grundsatz der Macht als Funktion des Rechtes anerkennt, festgestellt haben, Platz.

Es wurde bereits gesagt, daß auch der Friede als eine Funktion der Verwirklichung der größtmöglichen Gerechtigkeit zu definieren ist. Wenn Macht ebenfalls als Funktion des Rechts anerkannt wird, so ergibt sich daraus, daß der Friede ebenfalls eine Funktion der so aufgefaßten Ausübung der Macht ist, daß also die Lösung des europäischen Friedensproblems darin beruht, die Anwendung staatlicher Macht,

die Politik als evolutionäre Funktion der Erkenntnisse über das Wesen und den Inhalt des Rechts, zu gestalten.

Mit anderen Worten: Die Beziehungen der Staaten und Völker untereinander müssen, um friedlich zu sein, auf den Boden eines Rechts gestellt werden, das der Gefahr der Erstarrung in der Form durch die Möglichkeit einer Revision mit Zustimmung der Berechtigten entzogen sein muß.

Nachdem weiter festgestellt wurde, daß die mangelnde Anerkennung der nationalkulturellen Entwicklungsfreiheit einer der Hauptgründe der Gegeneinanderordnung der Völker ist, so muß zuerst die *Nationalitätenpolitik Funktion des Rechts werden.*

3. Abteilung.

Grundlagen der Stellung der Nationalität im Staat.

Die im vorhergehenden Kapitel aufgestellten Grundsätze über Staat und geistige Gemeinschaften schließen auch die Grundlagen der Lösung der nationalen Frage in sich. Angewandt auf die Stellung nationaler Gemeinschaften innerhalb des Staates erfordern sie:

1. *Nationale Bekenntnisse und Koalitionsfreiheit. Freiheit der Bildung von kulturellen Selbstverwaltungskörperschaften, die staatlich als Träger der Kultur der Minderheit und als Träger der Volksbildung der der Minderheit angehörenden Personen anerkannt werden müssen.*
2. *Materielle Gleichberechtigung der Angehörigen aller im Staate lebenden Nationalitäten.*

Die tatsächliche Anerkennung dieser Grundsätze ermöglicht eine Synthese kulturellen Eigenlebens mit gleichberechtigter Mitarbeit am und im Staat, also eine föderale Nebeneinanderordnung der Völker, die sich in der Beseitigung der psychischen Gegeneinanderordnung auswirkt.

Die beiden grundlegenden Bestandteile dieses Programms bestehen darin, daß einerseits das Freiheitsrecht in kultureller Beziehung — die Kulturautonomie — garantiert wird und andererseits gesetzlich und tatsächlich dafür gesorgt wird, daß nicht durch wirtschaftliche oder staatsbürgerliche Benachteiligung der Angehörigen einer Minderheitsgemeinschaft, die tatsächliche Anwendung dieser kulturellen Rechte illusorisch gemacht werden kann.

1. Abschnitt.

Die Grundzüge der Kulturautonomie.

a) *Der Begriff der Kulturautonomie:* Kulturautonomie ist die gesetzliche Bevollmächtigung einer organisatorisch zusammengefaßten nationalkulturellen Gemeinschaft zur Pflege ihrer kulturellen Güter und zur eigenrechtlichen Gestaltung und Ausübung der dazu erforderlichen Verwaltung. Übertragen wird mit dem Ausdruck „Kulturautonomie" auch das begründende Gesetz und die nationalkulturelle Gemeinschaft selbst bezeichnet.

Zur Errichtung einer Kulturautonomie ist also erforderlich:

Eine nationalkulturelle Gemeinschaft, sie sich auf Grund freiwilligen Bekenntnisses zum Zweck des Erwerbes des Rechtes und der Übernahme der Verpflichtung zur Pflege der kulturellen Güter und der geistigen Bildung ihrer Mitglieder organisatorisch zusammenschließt und

ein Akt des Staates, der das Gebiet der Kulturpflege der betreffenden Nationalität aus der direkten Kompetenz der Staatsgewalt herausnimmt und es durch Gesetz an die Körperschaft der Nationalität als Organ des Staates delegiert.

b) *Charakter der Kulturautonomie.* Im 2. Teil dieser Arbeit wurde als Hauptmangel des Minderheitenrechts des Völkerbundes dessen karitativer Charakter festgestellt. Selbst bei der weitherzigsten Durchführung eines ausgebauten Karitativrechtes läßt sich der Widerstand des Minderheitenvolkes, der aus der Tatsache des Verstoßes gegen den Grundtrieb des Nichtbeherrschtsein-Wollens in kultureller Beziehung erwächst, nicht vermeiden. Kultur gedeiht nicht in der Armeleuteluft fremdnationaler Kulturpflege.

Die Schädigungen sowohl für die Kulturentwicklung der Minderheit wie für die Sicherheit des Staates, die aus dem Karitativrecht entstehen, fallen in Staaten, die den Minderheiten die Kulturautonomie verleihen, weg.

Die Kulturautonomie stellt nicht karitatives, sondern Eigenrecht dar.

Dem Staat gegenüber ist die Minderheit zur Loyalität verpflichtet. Sie hat aber gegenüber dem Staat auch direkte Rechtsansprüche, nämlich die Forderung, daß der Staat der nationalkulturellen Gemeinschaft das Gebiet der Kulturpflege für die in der Gemeinschaft zusammengefaßten Staatsangehörigen übergibt und sich der Einwirkung auf diese Kulturpflege enthält.

In kultureller Hinsicht wird der Staat durch die Errichtung von Kulturautonomien durch die Nationalitäten untergeteilt. Die Teile, Kulturautonomien, werden für ihren delegierten Wirkungskreis oberste Instanzen. Da ihre Zusammensetzung und ihre Leitung durch ihre Mitglieder selbst bestimmt wird, also nicht durch obrigkeitlichen Akt des Staates erfolgt, so fallen zwischen den Minderheiten und dem Staat die Streitpunkte über Fragen der nationalen Kultur weg. Die Eigenberechtigung bedingt die Eigenverantwortlichkeit für die eigene Kultur.

Die Gewährung der Kulturautonomie an die Minderheiten eines Staates ist ein typisches Beispiel für geistig-seelischen Föderalismus.

Nebeneinandergeordnet werden die einzelnen autonomen kulturellen Körperschaften der Nationalitäten. Übergeordneter Begriff ist die Anerkennung des Staates als Garant des Rechtes.

c) *Kulturautonomie und Staatssouveränität.* Einen der häufigsten Einwände, die von seiten der Verfechter des omnipotenten Staates gegen die Kulturautonomie erhoben werden, ist der, daß die Souveränität des Staates durch die Gewährung der Kulturautonomie wesentlich beeinträchtigt würde. Der Staat begäbe sich hierdurch eines seiner wesentlichsten Rechte, des Rechtes der Erziehung.

Hier ist als Grundlage aufzuwerfen, was unter der Souveränität des Staates zu verstehen ist. Definiert man Souveränität des Staates als die Fähigkeit, den Zweck des Staates aus eigener Machtvollkommenheit zu erfüllen und bekennt man sich weiter zu dem Grundsatz, daß es die Aufgabe des Staates ist, Macht als eine Funktion des Rechts auszuüben, so kann dieser Einwand nicht als stichhaltig angesehen werden.

In diesem Fall ist es Aufgabe des Staates, nicht kulturvernichtend, sondern kulturfördernd zu sein. Wenn also ein Staat aus der Erkenntnis heraus, daß er selbst durch Angehörige des Mehrheitsvolkes oder durch direkte Beauftragung einzelner Angehöriger des Minderheitenvolkes die Kultur der Minderheit nicht in vollem Umfang schützen und fördern kann, einen Selbstverwaltungskörper der Minderheit als Treuhänder für die Pflege dieser Kultur anerkennt, so bedeutet das nicht eine Minderung der Souveränität, sondern im Gegenteil eine Betätigung der staatlichen Souveränität. Der Staat selbst ist keine physische Person. Er muß sich daher in jedem Fall physischer Personen zur Erfüllung seiner Aufgaben bedienen, muß also gewissen physischen Personen die Ausübung eines Teiles dieser Souveränität, nicht aber die Souveränität selbst überlassen. Ob der Akt der Übertragung der Ausübung der Souveränität nun z. B. im Anstellungsvertrag einer einzelnen Person oder durch gesetzmäßige Übertragung dieser Ausübung an eine Person des öffentlichen Rechts erfolgt, ist rechtlich unerheblich.

d) *Sachlicher Bereich der Kulturselbstverwaltung:* Sachlicher Bereich der Kulturselbstverwaltungen ist die Pflege der Kultur der nationalen Gemeinschaft und die Organisation, Verwaltung und verantwortliche Leitung der dazu erforderlichen Anstalten und Einrichtungen.

Insbesondere gehört in den Bereich der Selbstverwaltung das gesamte Schul- und Erziehungswesen.

Die Bestimmung darüber, welches die Kulturaufgaben der Nationalität sind, obliegt der Kulturselbstverwaltung.

Unter Organisation ist auch die Organisation der Selbstverwaltungskörperschaft selbst zu verstehen.

Ferner gehört in die Kompetenz der Selbstverwaltung der Erlaß verbindlicher Verordnungen für den räumlichen und sachlichen

Bereich ihrer Wirksamkeit, die gleiche Kraft haben müssen, wie die staatlichen Verordnungen und zu deren Geltendmachung die Selbstverwaltung die Tätigkeit der rechtssprechenden und vollstreckenden staatlichen Behörden in Anspruch nehmen darf.

Die Gewährung der Kulturautonomie gibt der nationalen Gemeinschaft das Recht des Ausschlusses Dritter aus ihrem Bereich, ein Ausschlußrecht, das auch gegenüber den Behörden des Staates Geltung hat und ohne Einwilligung der Selbstverwaltungskörperschaft auch nicht durch staatliche Gesetze abgeändert werden kann.

Als Auswirkung der Verpflichtung der kulturellen Gemeinschaft, bei der Ausübung ihrer Rechte die Loyalität gegenüber dem Staat zu wahren, ist das Recht des Staates anzusehen, die Pflege der Staatssprache als Pflichtfach innerhalb der Erziehungsanstalten der Gemeinschaft in dem Umfang zu verlangen, daß die Angehörigen der Nationalität innerhalb der ordentlichen Schulausbildung diese Sprache so erlernen, daß sie sich in ihr verständlich machen können. Jedoch obliegt die Bestimmung über die Art des Unterrichts der Selbstverwaltung, die dem Staat gegenüber lediglich für den Erfolg verantwortlich ist.

Der errichteten Selbstverwaltung kann bis zu einem gewissen Grad vom Staat die Pflicht auferlegt werden, ihre Rechte auszuüben, insbesondere die Pflicht, von ihren Angehörigen die allgemeine Schulpflicht zu fordern und ihre Durchführung allenfalls zu erzwingen.

e) *Bestimmung der Zugehörigkeit zu einer Nationalität:* Bei der Besprechung der Forderung, die räumliche Unzulänglichkeit des Karitativrechts durch die Generalisierung des Minderheitenrechts des Völkerbundes zu beseitigen, wurde auf die unumgängliche Gefahr hingewiesen, daß das karitative Recht zum Fordern verleitet, also gewissermaßen Minderheiten, die in Wirklichkeit gar keine sind, dazu veranlaßt, sich als solche zu bezeichnen. Es wurde weiter darauf hingewiesen, daß bei der Behandlung von Minderheitenfragen des Bekenntnisprinzips als Grundlage der Bestimmung der Zugehörigkeit zu einer Nationalität noch nicht als anerkannt gelten kann. Die Gefahr der „eingebildeten Kranken“ wird durch die Kulturautonomie beseitigt, denn hier hat das Minderheitenrecht seinen karitativen Charakter verloren. Das anerkannte Eigenrecht bedingt aber ebenfalls die Eigenverpflichtung, die kulturerhaltenden und kulturfördernden Tätigkeiten selbst vorzunehmen. Für Querulantentum ist kein Platz, da die Forderungen an den Staat und Verpflichtungen gegenüber dem Staat sich einerseits in der Forderung gleichberechtigter Gewährung staatlicher Mittel für die Erhaltung der Erziehungsinstitute und andererseits in der Einhaltung der Loyalität gegenüber dem Staat erschöpfen. Die Haupttätigkeit der einzelnen Gebiete der Kulturpflege, die beim Karitativrecht der Gegenstand des Forderns vom Staat sind, sind hier Gegenstand der eigenen Leistung. Werden sie aber tatsächlich als Gegenstand eigener Leistungen angesehen und werden diese Leistungen tatsächlich erbracht, so ist damit der Beweis eigenlebendigen Kulturwillens geführt, der eben das Recht auf eigenrechtliche Pflege dieser Kultur begründet.

Demnach ergibt sich: die wirklichen oder vermeintlichen Hindernisse, die beim Karitativrecht mitunter zur Ablehnung des Bekenntnisprinzips führen, fallen hier weg.

Die Kulturgemeinschaft muß sich auf das freiwillige Zugehörigkeitsbekenntnis ihrer Angehörigen stützen können. Von seiten des Staates darf die Ablage dieses Bekenntnisses weder erschwert noch gehindert, noch nachgeprüft werden.

Das nationale Bekenntnis wird am besten durch die Eintragung in eine von der Selbstverwaltung geführte Liste, das Nationalkataster, abgelegt.

f) *Wirtschaftliche Grundlagen der Kulturautonomie:* Eine der wesentlichsten Fragen der kulturellen Selbstverwaltung ist die Gestaltung der finanziellen Beziehungen zwischen Staat und Kulturgemeinschaft zur Deckung der für die Kulturpflege, insbesondere für das Schulwesen entstehenden Kosten.

Es können hier zwei Wege beschritten werden:

1. Zwischen dem Staat und der autonomen Kulturgemeinschaft wird ein Finanzausgleich vereinbart, nach dem der Staat von den eingehenden Steuern der Kulturgemeinschaft einen Anteil übergibt, der der Summe entspricht, die vom Staat für die Befriedigung der kulturellen Bedürfnisse einer entsprechenden Zahl von Angehörigen des von den staatlichen Bildungseinrichtungen Gebrauch machenden Mehrheitsvolkes aufwendet. Diese Art des Finanzausgleiches leidet aber an schweren Fehlern, da hierin lediglich die Zahl Berücksichtigung findet. Weiterhin entsteht daraus die Folge, daß durch die alleinige Berücksichtigung der Zahl die höchstbesteuerte Nationalität Leistungen erbringt, die teilweise zugunsten der Kulturpflege der minderbesteuerten Nationalität verwendet werden.

Will man an der Eintreibung der Gesamtsteuern durch den Staat und der nachherigen Verteilung der Gelder aus der Staatskasse an die Selbstverwaltungskörperschaften festhalten, so wird man folgende Überlegung zur Grundlage des Finanzausgleichs machen müssen: man errechnet den Prozentsatz der Staatseinnahmen, der zur Befriedigung kultureller Bedürfnisse im ganzen ausgeworfen wird. Der Minderheit wird dann dieser Prozentsatz des Steueraufkommens ihrer Angehörigen aus der Staatskasse verabfolgt.

Da jedoch bei diesen Berechnungen die Tatsache nicht mitberücksichtigt ist, daß die Unterhaltung kleiner Minderheitenschulen mitunter höhere Kosten verursachen wird, als die Unterhaltung von Schulen des Mehrheitsvolkes, die durch die größere Zahl der Schüler eine relativ geringere Anzahl von Lehrkräften und Lehrmaterialien erfordern, wird es nicht zu umgehen sein, den nationalkulturellen Selbstverwaltungskörperschaften zudem das Recht der Selbstbesteuerung zuzugestehen, um auf diesem Wege den erforderlichen Zusatzbedarf zu decken. Den von den Selbstverwaltungskörperschaften für ihre Angehörigen erlassenen Steuern muß derselbe Grad der Vollstreckbarkeit zugebilligt werden wie den staatlichen Steuern.

2. Am reibungslosesten wird sich jedoch die Frage der finanziellen Fundierung der Kulturautonomien gestalten, wenn der Umweg der Gelder über die Staatskasse vermieden wird, wenn also der Kulturgemeinschaft das Recht der Selbstbesteuerung für Kulturzwecke verliehen wird. Die Kostenbeschaffung würde sich demnach folgendermaßen gestalten:

Zunächst wird ebenfalls der Prozentsatz der staatlichen Steuern berechnet, der vor Errichtung der Kulturautonomien für kulturelle Zwecke verausgabt wurde. Die direkt an den Staat abzuführenden Steuern der Minderheitsangehörigen, die nach Errichtung der Kulturautonomie nicht mehr an den kulturellen Einrichtungen des Staates teilnehmen, würden um diesen Prozentsatz verringert. Diese Verringerung kann praktisch insoweit eingeschränkt werden, als ein gewisser Prozentsatz der Gelder für kulturelle Einrichtungen des Staates aufgewandt wird, die von den Minderheitsangehörigen mitbenutzt werden (z. B. Landwirtschaftliche Versuchsanstalten, Unterhaltung von Theaterbauten, Rundfunksendern, die auch den Minderheiten zur Verfügung stehen usw.). Der nationalkulturellen Selbstverwaltungskörperschaft wird das Recht gewährt, die Besteuerung ihrer Angehörigen für die Zwecke der Kulturpflege selbst zu bestimmen. Hierbei muß nicht die Steuer erhoben werden, die der Minderung der Staatssteuer gleichkommt. Sie kann größer, aber auch kleiner sein. Den von der Selbstverwaltung erlassenen Steuern ist das gleiche Maß der Vollstreckbarkeit zuzugestehen, wie den staatlichen Steuern.

Durch diese Art der Trennung der für den Bedarf der Kulturselbstverwaltung und für die allgemeine Staatsverwaltung bestimmten Steuern ist am besten den allenfalls aus der finanziellen Auseinandersetzung entstehenden Meinungsverschiedenheiten vorgebeugt.

2. Abschnitt.

Die Gleichberechtigung der Staatsangehörigen.

Das Recht der nationalkulturellen Gemeinschaften, sich zu abgeschlossenen kulturellen Selbstverwaltungskörperschaften zusammenzuschließen und eigene Wege der kulturellen Entwicklung zu gehen, würde illusorisch, wenn die Angehörigen der nationalkulturellen Gemeinschaften in ihren staatsbürgerlichen, insbesondere wirtschaftlichen Rechten gegenüber den Angehörigen anderer im gleichen Staate lebenden Gemeinschaften benachteiligt würden. Es wäre dann immer noch der Mehrheitsgemeinschaft die Möglichkeit gegeben, den Angehörigen der Minderheitsgemeinschaft die materielle Existenzgrundlage zu entziehen oder wenigstens einzuengen und dadurch einen Zwang auf Verzicht auf die geistige Selbständigkeit oder auf Teile davon auszuüben, d. h. auf die Garantie des geistigen Föderalismus zugunsten größerer Zentralisierung zu verzichten. Es ist deshalb notwendig, das Recht der nationalkulturellen Gemeinschaften durch eine Garantie gleicher Behandlung ihrer Angehörigen auf allen Gebieten, die außerhalb des Kreises der Kulturautonomie liegen, zu ergänzen.

a) *Gleichberechtigung in der Staatsleitung:* Den einzelnen Nationalitäten muß die Möglichkeit gegeben sein, entsprechend ihrer Stärke gleichen Einfluß auf die Leitung des Staates zu nehmen. Hier ist zunächst die Notwendigkeit der Garantie gleichen Wahlrechts zu den komunalen und staatlichen Parlamenten oder sonstigen durch Wahl zu besetzenden Einrichtungen hervorzuheben. Einschränkungen des aktiven und passiven Wahlrechts, insbesondere auch durch Behinderung des Gebrauchs der Muttersprache, durch Minderberechtigung bezüglich der freien Meinungsäußerung, durch „Wahlkreisgeometrie" usw. müssen unterbleiben.

In der Besetzung staatlicher Ämter muß den Minderheiten gegenüber gleiche Berücksichtigung geübt werden, wie gegenüber den Angehörigen anderer Gemeinschaften.

b) *Gleichberechtigung als Objekt der Rechtsprechung und Verwaltung*. Das nationale Bekenntnis darf kein Grund sein, einen Staatsangehörigen bei der Ausübung der Staatsverwaltung zu benachteiligen oder eine Rechtsprechung ihm gegenüber auszuüben, die ihn Staatsbürgern anderen nationalen Bekenntnisses gegenüber benachteiligen würde.

Insbesondere dürfen keine Gesetze und Verordnungen erlassen werden, die von vornherein eine verschiedene Behandlung der Staatsbürger verschiedenen nationalen Bekenntnisses zu deren Nachteil zulassen.

Den Angehörigen nationaler Gemeinschaften, die eine andere Sprache sprechen, als die amtliche Sprache der Staatsbehörden, muß die Möglichkeit geboten werden, sich direkt in ihrer Sprache oder, falls es sich um eine kleine Minderheit handelt, durch einen Dolmetscher an die Staatsbehörden zu wenden.

Besonderer Beachtung bedarf die Frage des Heeresdienstes. Hier kann eine Gleichbehandlung der verschiedenen Nationalitäten in einem eventuellen Kriegsfall zu schweren Konflikten führen, falls die Angehörigen einer nationalen Gemeinschaft gezwungen wären, gegen Angehörige der gleichen, in einem anderen Staate lebenden Gemeinschaft zu den Waffen zu greifen. Einer innerstaatlichen Regelung wird diese Frage nicht fähig sein. Die zunehmende Möglichkeit durch die kulturelle Nebeneinanderordnung die Kriegsgefahr zu vermindern und die Sicherheit zu erhöhen, läßt dieses Problem zwar kleiner werden, nicht aber verschwinden. Anzuregen wäre die Schaffung einer internationalen Garantie, die kriegsführende Staaten verpflichtet, die Angehörigen der genannten Minderheiten im Kriegsfall nicht aufzubieten.

c) *Gleichberechtigung in der Wirtschaft:* Der wesentlichste Punkt der Gleichberechtigung ist die wirtschaftliche. Den Angehörigen jeder Nationalität muß die gleiche rechtliche und tatsächliche Möglichkeit gegeben sein, nach Maßgabe ihrer eigenen Tüchtigkeit sich am Wirtschaftsleben zu beteiligen. Insbesondere darf bei der Ausübung von Gewerben und Tätigkeiten, die einer staatlichen Genehmigung bedürfen, diese Genehmigung den Angehörigen von Nationalitäten, die die allgemeinen Voraussetzungen erfüllen, nicht verweigert werden. Dabei ist weiter festzustellen, daß keine allgemeinen Voraussetzungen gefordert werden dürfen, die normalerweise von Angehörigen der einen oder anderen Nationalität nicht erbracht werden können und die nicht zu den überhaupt für die betreffende Tätigkeit erforderlichen Voraussetzungen gehören.

Insbesondere müssen die Angehörigen aller Nationalitäten in gleichem Verhältnis nach Maßgabe ebenfalls allgemein gültiger Bestimmungen an der Ausführung öffentlicher Aufträge und an der Verwertung staatlicher Monopole beteiligt werden.

Der Staat muß weiter alle Maßnahmen verbieten und tatsächlich unterbinden, die von öffentlicher oder privater Seite zwecks einer Beeinträchtigung des Wirtschaftslebens der Angehörigen einer Nationalität getroffen werden könnten.

Neben dieser Freiheit der wirtschaftlichen Betätigung für alle Staatsbürger ist jedoch noch eine weitere wirtschaftliche Garantie erforderlich. Der Staat muß die Verpflichtung übernehmen, keinerlei wirtschaftliche Maßnahmen zu treffen, die den Besitzstand, insbesondere den Grundbesitz, der sich in den Händen der Angehörigen einer Nationalität befindet, beeinträchtigen. Werden Gesetze erlassen, die einen Eingriff des Staates in das Wirtschaftsleben hinsichtlich der Veränderung von Eigentumsverhältnissen gestatten, so muß der Staat sich verpflichten, die Eigentumsverschiebungen nur innerhalb des Kreises der Angehörigen der einzelnen Nationalitäten zu vollziehen. Sollte eine Eigentumsverschiebung von einer Nationalität zur anderen oder von einer Nationalität direkt zum Staat aus unabweisbaren Gründen (z. B. Bahnbau usw.) erforderlich sein, so muß die verminderte Eigentumssubstanz der Nationalität durch einen gleichwertigen Ersatz wiederhergestellt werden. Ein Abweichen von diesem Grundsatz kann nur von der Vertretung der Nationalität durch freiwillig abgegebene Erklärung zugelassen werden, wenn es sich um die Förderung von Interessen der Gesamtheit der Staatsbürger handelt.

Alle in diesem Abschnitt genannten Punkte der Gleichberechtigung bedürfen natürlich einer eingehenden Formulierung in entsprechenden Verträgen. Teilweise sind sie, mangelhaft formuliert, in den Karitativverträgen des Völkerbundes, ausführlicher formuliert im deutsch-polnischen Oberschlesienabkommen schon heute enthalten. Bereits bei der Behandlung dieser Materie wurde auf die Schwierigkeit der einzelnen Garantie dieser Punkte hingewiesen. Demgegenüber sei festgestellt, daß eine gerechte Handhabung dieser Gleichberechtigung zwar zu den schwersten Problemen des Nationalitätenrechts gehört, daß sich aber diese Handhabung innerhalb eines Staates, der den geistig-seelischen Zwiespalt durch die Gewährung der Kulturautonomie ausgeschaltet hat, wesentlich einfacher gestaltet, da die psychische Gegeneinanderordnung der Völker innerhalb des Staates beseitigt ist und nicht mehr als Erschwerung der Handhabung in Frage kommt. Es ist dies eine innerstaatliche Parallele zu den zu Anfang des III. Teiles angestellten Betrachtungen über den Zusammenhang nationaler psychischer Spannungen und europäischer Wirtschaft.

Die Verwirklichung der in der 3. Abteilung bis hierher aufgestellten Grundzüge der Ordnung der innerstaatlichen Stellung der Nationalitäten würde den materiellen Inhalt des innerstaatlichen Teiles des neuen europäischen Nationalitätenrechts ausmachen. Getreu der Auffassung, den Föderalismus als Lebensform anzuerkennen, ist die Machtausübung auf geistigem Gebiet organisch geteilt und den Trägern der geistig-seelischen Richtungen zu eigener Ausübung übertragen, während die für alle Staatsbürger homogenen Gebiete des materiellen Lebens einheitlich geregelt sind.

In geistig-seelischer Hinsicht ist die Unter- und Gegeneinanderordnung in die Nebeneinanderordnung der Völker überführt. Die Völker sind in dieser Beziehung vom Objekt zum

Subjekt der Verwaltung

geworden.

Dem kulturellen Kampf ist das Ziel seines Angriffs, das staatliche Diktat des Geisteslebens entzogen. Deshalb muß er in sich selbst zusammenfallen. Die aus diesem Kampf freiwerdenden Kräfte des Kulturwillens können sich von der zerstörenden Tätigkeit abwenden und zu aufbauenden Kräften ihrer nationalen Kultur, ihrer Volksgemeinschaft und damit des Staates, dem die Nationalität politisch angehört, werden.

3. Abschnitt.

Die innerstaatliche Garantie des Nationalitätenrechts.

Selbstverständlich bedarf das Nationalitätenrecht einer starken Garantie und eines Verwirklichungsverfahrens. Eine internationale Garantie ist hier nicht zu vermeiden, jedoch soll nach Möglichkeit bereits innerhalb des Staates eine Reihe von Sicherungen für das Nationalitätenrecht geschaffen werden, um nach Möglichkeit die Befassung von außerhalb des Staates gelegener Faktoren mit Beschwerden der Nationalitäten zu vermeiden. Ein solches Eingreifen führt erfahrungsgemäß leicht dazu, Prestigefragen aufzurollen, die der Behandlung der Nationalitätenfragen abträglich sind.

a) *Das Nationalitätenrecht als Staatsgrundgesetz.* Das Nationalitätenrecht muß vor allem der Abänderungsmöglichkeit zugunsten der Berechtigten durch neue rechtssetzende Akte des Staates entzogen sein. Es muß als Staatsgrundgesetz erlassen werden, demgegenüber kein anderes bestehendes Gesetz Geltung beanspruchen kann und demgegenüber kein entgegenstehendes oder abänderndes Gesetz erlassen werden kann, sofern nicht die Abänderung durch einen mit qualifizierter Mehrheit gefaßten Beschluß der Kulturselbstverwaltung der in Frage kommenden Nationalität oder Nationalitäten gutgeheißen wird.

Die Kulturselbstverwaltung muß in diesem Fall als Bevollmächtigte für die Wahrnehmung aller Rechte der Nationalität gelten, also nicht nur für den der Selbstverwaltung übertragenen Wirkungskreis, sondern auch für die Rechte, die sich aus den Bestimmungen ergeben, die für die Gleichberechtigung aller Staatsbürger aufgestellt sind.

b) *Das Schiedsverfahren.* Weiterhin muß die Möglichkeit eines Verfahrens, zum mindesten in einer Instanz bereits innerhalb des Staates gegeben sein. Hierfür empfiehlt es sich, Schiedsgerichte mit folgender Zusammensetzung zu bilden: eine gleiche Anzahl von Vertretern des Staates und der Nationalität. Die Vertreter des Staates werden entsprechend einem Staatsgesetz, die der Nationalität von der Kulturselbstverwaltung ernannt. Hierzu haben ein oder mehrere Vertreter zu treten, die von ersteren Vertretern mit qualifizierter Mehrheit als Sachverständige gewählt werden. Den Vorsitz dieses Schiedsgerichts führt einer der genannten Sachverständigen. Das Schiedsgericht entscheidet mit einfacher Mehrheit.

Gegenstand des Schiedsverfahrens sind alle Meinungsverschiedenheiten, die über Inhalt oder Anwendung des Nationalitätenrechts entstehen.

Zur Erhebung der Klage ist sowohl die Vertretung des Staates wie die Kulturselbstverwaltung berechtigt.

Ist nur eine Instanz des Schiedsgerichtes gebildet, so kann auf Antrag einer Partei der Rechtsstreit bei zuständigen internationalen Organen anhängig gemacht werden. Sind mehrere Instanzen der Schiedsgerichte vorgesehen, so tritt erst nach Erschöpfung des innerstaatlichen Rechtsweges die Abgabe des Rechtsstreites an die internationale Instanz ein.

Das Verfahren vor den Schiedsgerichten ist durch eine genaue Prozeßvorschrift zu regeln. Insbesondere ist zu beachten, daß keine allzu langen Fristen angesetzt werden, die die Verzögerung des Rechtsganges in schädigender Absicht ermöglichen.

c) *Rechtssetzung.* Zur Garantie der eventuell erforderlichen Weiterentwicklung des Nationalitätenrechts auf evolutionärem Wege muß ein Verfahren festgelegt werden, das den Nationalitäten ein Antragsrecht auf Vorlage von Gesetzesvorschlägen an die gesetzgebenden Körperschaften des Staates gibt. Hier wäre zu empfehlen, daß Gesetzentwürfe, die von der Kulturselbstverwaltung eingegeben werden, den gesetzgebenden Körperschaften des Staates vorgelegt werden müssen. Lehnt die gesetzgebende Körperschaft sie ab, so entsteht daraus keine weitere Verpflichtung, nimmt sie sie an, so ist die Regierung zu ihrer Inkraftsetzung verpflichtet.

Eingebracht können Gesetzentwürfe werden, von denen die Nationalität glaubhaft machen kann, ein begründetes Interesse an ihrer Inkraftsetzung zu haben.

Gegenstand des Antrags darf nicht die Veränderung der politischen Zugehörigkeit sein.

4. Abteilung.

Überstaatliche Nationalitätenrechts-Setzung und Nationalitätenrechts-Garantie.

Aus dem bereits mehrfach in dieser Arbeit hervorgehobenen großen Bedeutung der tatsächlichen Bedeutung der Lösung des Nationalitätenproblems für den Frieden und die Sicherheit der Entwicklung aller europäischen Staaten und Völker ergibt sich, daß die Nationalitätenfrage nicht nur eine Frage des Einzelstaates, sondern der Gesamtheit der europäischen Staaten ist. Bereits die Minderheitenverträge und Entschließungen des Völkerbundes haben sie als eine Angelegenheit internationalen — richtiger: überstaatlichen — Interesses bezeichnet. Es ergibt sich aus dieser Tatsache, deren weitere Betonung überflüssig ist, die Notwendigkeit, der Gesamtheit der europäischen Staaten und Völker eine Möglichkeit der Einwirkung auf die Nationalitätenpolitik zu eröffnen. Das direkte Forum des Völkerbundes erscheint jedoch dafür nicht zweckmäßig zu sein. Es gilt dafür das, was bereits bezüglich der Politisierung des gegenwärtigen Minderheitenverfahrens vor dem Völkerbund gesagt wurde. Für das Stadium des Übergangs vom Karitativrecht zum nationalen Eigenrecht kann darauf verwiesen werden, was im Teil II zur Reform des Minderheitenverfahrens gesagt wurde.

In der weiteren Konsequenz aber ist die Schaffung einer überstaatlichen Instanz zur Rechtssetzung und Rechtssprechung erforderlich.

1. Abschnitt.

Überstaatliche Rechtssetzung.

a) *Die einzelnen Wege überstaatlicher Rechtssetzung.* Theoretisch sind für die überstaatliche Rechtssetzung folgende Wege möglich: Schaffung eines internationalen Organs, das das Recht hat, verbindliche Gesetze zu beschließen, zu deren Inkraftsetzung die einzelnen Staaten verpflichtet sind, das also das Recht hat, in die Souveränität der Staaten einzugreifen mit der Wirkung, daß das von ihm beschlossene Recht das Recht des Staates bricht. Dieser Weg darf als ungangbar bezeichnet werden, da alle Erfahrungen der Praxis gegen ihn sprechen.

Gangbar dagegen erscheint ein anderer: Schaffung eines europäischen Nationalitätenamts durch Vertrag zwischen souveränen Staaten unter Anlehnung an die Organisation des Völkerbundes. Diesem Amt wäre ein gewisses erweitertes Vorschlagsrecht von Gesetzentwürfen an die Staaten zuzugestehen, deren Inkraftsetzung jedoch durch einen Akt der Staatssouveränität erfolgen würde.

b) *Charakter des europäischen Nationalitätenamtes:* Der Charakter dieses Amtes könnte einer bereits mit Erfolg arbeitenden überstaatlichen Institution, der Internationalen Organisation der Arbeit nachgebildet werden. Deren Arbeit beruht zunächst auf dem Studium des erfaßbaren Materials über die einschlägigen Fragen. Die Internationale Arbeitskonferenz beschließt Gesetzentwürfe, die die einzelnen Staaten, die Mitglied der Organisation sind, ihren gesetzgebenden Körperschaften vorschlagen müssen. Werden die Gesetzentwürfe angenommen, so ist der Staat verpflichtet, sie als internationale Verträge zu ratifizieren und sie innerstaatlich als Staatsgesetze in Kraft zu setzen. Lehnt die gesetzgebende Körperschaft sie ab, so erlischt damit die Verpflichtung des Staates gegenüber der Organisation.

Das Ziel dieser Arbeit ist, eine gleichmäßige organische Entwicklung des Schutzes des arbeitenden Menschen zu erreichen. Maßnahmen, die für einen Staat allein infolge des Rechtszustandes in angrenzenden Staaten schwer durchzuführen sind, werden hier für mehrere Staaten gleichzeitig angeregt. Durch die Beschlüsse der von Arbeitgeber- und Arbeitnehmerseite sowie von Staatsvertretern beschickten Versammlungen wird auch eine gewisse internationale soziale Moral geschaffen, der sich die Staaten auf die Dauer schwer entziehen könnten.

Gleichartig wäre mut. mut. die Aufgabe eines europäischen Nationalitätenamtes bezüglich der organischen Rechtsentwicklung mit dem Ziel der Erreichung der nationalkulturellen Freiheit und ihrer Garantie. Freiheitliche Maßnahmen, die ein Staat allein nicht durchführen zu können glaubt, weil er befürchtet, gegenüber einem Staat, der gleichartige Maßnahmen nicht einführt, an Geschlossenheit ins Hintertreffen zu geraten, würden hier mehreren Staaten gleichzeitig vorgeschlagen und damit wäre die Möglichkeit gleichzeitiger Einführung solcher Maßnahmen gegeben. Nicht zu unterschätzen ist die große moralische Bedeutung solcher Maßnahmen, die insbesondere in der Aufstellung einer internationalen Moral bezüglich der Behandlung der Nationalitäten beruht.

c) *Organisation des europäischen Nationalitätenamtes.* Das europäische Nationalitätenamt ist auf Vorschlag des Völkerbundes oder auf Grund gemeinsamer Vereinbarung mehrerer Staaten durch Vertrag der teilnehmeden Staaten zu begründen.

Es besteht aus:

1. Der ständigen Kommission für Nationalitätenrecht,
2. der europäischen Konferenz für Nationalitätenrecht.

Die ständige Kommission, die von Vertretern der vertragschließenden Staaten und der Nationalitäten besetzt wird, wobei in die Kommission auch Persönlichkeiten berufen werden können, die nicht die Staatsangehörigkeit eines der vertragschließenden Staaten haben, ist dauernde Einrichtung. Sie sammelt alle Informationen, die die Nationalitätenfrage betreffen. Eine besondere Unterkommission, die eine gleiche Anzahl von Vertretern der Staaten und der Nationalitäten und drei von den ersteren Vertretern gewählte Sachverständige umfaßt, schlägt der europäischen Konferenz geeignete Gesetzentwürfe vor.

Die europäische Konferenz besteht aus einer gleichen Anzahl von Vertretern der Staaten und der innerhalb ihrer Staatsgebiete wohnenden Nationalitäten in der Weise, daß aus jedem Staat gleich viel Staatsvertreter und Nationalitätenvertreter an der Konferenz teilnehmen.

Bis zur Bildung von Kulturselbstverwaltungen in allen teilnehmenden Staaten gelten die Nationalitäten als bevollmächtigt, Vertreter zu entsenden, die Mitglieder des europäischen Nationalitätenkongresses (siehe unten) sind.

Die Gesamtheit der auf diese Weise bestimmten Vertreter wählt eine Anzahl von Sachverständigen, die nicht größer als 25% der Zahl der bereits vorhandenen Vertreter sein darf, mit qualifizierter Mehrheit zu. Diese Sachverständigen dürfen auch Staatsangehörige von europäischen Staaten sein, aus denen keine sonstigen stimmberechtigten Vertreter auf der Konferenz vorhanden sind.

Staaten, innerhalb deren keine Verschiedenheit von Nationalitäten festzustellen ist, können der Institution des europäischen Nationalitätenamts ebenfalls beitreten. Ihre Vertreter haben jedoch auf der Konferenz nur ein Anwesenheits- und Gutachterrecht, nicht das Stimmrecht. Über die Frage, ob auf ihrem Staatsgebiet nationale Einheitlichkeit herrscht, bestimmt die Konferenz mit einfacher Mehrheit. Bejaht sie die Einheitlichkeit, so wird der Staat in der genannten Weise zum Beitritt zugelassen. Verneint sie die Einheitlichkeit, was sie d a r f, wenn aus dem betreffenden Staatsgebiet mindestens 1000 Stimmen vorliegen, und was sie m u ß, wenn mindestens 5000 Stimmen vorliegen, die die Anerkennung als nationale Minderheit fordern, so richtet sie an den Staat die Aufforderung, die betreffende Nationalität zum europäischen Nationalitätenamt zuzulassen und selbst dem Amt als Vollmitglied beizutreten. Lehnt der Staat die Teilnahme in dieser Weise ab, so kann seine Aufnahme in das Amt weder in der genannten beschränkten Weise noch als Vollmitglied erfolgen.

Die Vertreter der Staaten, deren nationale Einheit anerkannt ist und denen die Mitarbeit am europäischen Nationalitätenamt aus dem Gesichtspunkt, daß die Nationalitätenfrage von überstaatlichem Interesse ist, ermöglicht werden soll, nehmen an der Konferenz teil. Sie können sich g u t a c h t l i c h zu den vorgeschlagenen Gesetzesresolutionen während der Beratung und nach der Abstimmung äußern. An der Abstimmung selbst nehmen sie nicht teil.

Hier ist die Ausnahme möglich, daß Angehörige eines solchen Staates von den stimmberechtigten Mitgliedern als stimmberechtigte Sachverständige zugewählt werden.

d) *Tätigkeit der europäischen Konferenz.* Aufgabe der Konferenz ist die Beratung von Gesetzentwürfen bezüglich der Entwicklung des Nationalitätenrechts, die den Staaten vorgeschlagen werden sollen.

Der Beschluß über die Gesetzentwürfe wird mit einfacher Mehrheit gefaßt.

Die weitere Behandlung der beschlossenen Gesetzentwürfe hat sich folgendermaßen zu gestalten.

Die Konferenz bringt die Gesetzentwürfe allen europäischen Staaten mit dem Ersuchen um Ratifikation und innerstaatliche Inkraftsetzung zur Kenntnis.

Die Staaten, die Mitglieder des europäischen Nationalitätenamtes sind, sind jedoch verpflichtet, die Gesetzentwürfe ihren gesetzgebenden Körperschaften zur Beschlußfassung vorzulegen. Nehmen die gesetzgebenden Körperschaften die Entwürfe an, so sind die betreffenden Staaten zur Ratifikation und Inkraftsetzung verpflichtet. Die angenommenen Gesetze haben innerstaatlich die Kraft eines Staatsgrundgesetzes, nach außen die Wirkung eines internationalen Vertrages.

Nimmt ein dem Nationalitätenamt nicht angehörender Staat ein ihm zur Kenntnis gebrachtes Gesetz als Staatsgesetz an, so hat es in diesem Staat zunächst nur die Wirkung eines gewöhnlichen innerstaatlichen Gesetzes. Durch eine entsprechende Erklärung des betreffenden Staates gegenüber dem Nationalitätenamt kann es jedoch die gleiche Gültigkeit erlangen, die es haben würde, wenn der betreffende Staat Mitglied des Nationalitätenamtes wäre.

Durch die Organisation dieses Amtes würde praktisch der direkte rechtssetzende Eingriff in die Staatssouveränität vermieden, andererseits aber eine befördernde Wirkung auf die organische Gestaltung des Nationalitätenrechtes ausgeübt.

Die evolutionären Kräfte Europas könnten sich in diesem Amt zu gemeinsamer Arbeit vereinigen und von hier aus rechtsgestaltend und als Bahnbrecher einer neuen internationalen und überstaatlichen Moral und damit des Gedankens Macht zur Funktion des Rechts zu erhöhen arbeiten.

2. Abschnitt.

Überstaatliche Garantie des Nationalitätenrechts.

Neben der Möglichkeit der Beförderung der innerstaatlichen Rechtssetzung durch überstaatliche Körperschaften muß für die wirksame Geltendmachung des Nationalitätenrechts auch eine überstaatliche Garantie, eine überstaatliche Rechtsprechung geschaffen werden.

Für das Verfahren zur Geltendmachung des Nationalitätenrechts muß unbedingt gefordert werden, daß es aus der politischen Machtsphäre in die Rechtssphäre verschoben wird. Nationalitätenrechtsfragen müssen als reine Rechtsfragen behandelt werden.

Das überstaatliche Verfahren soll prinzipiell ein letztinstanzielles sein, das entscheidet, wenn die innerstaatlichen Instanzen erschöpft sind. Ausnahmsweise soll jedoch auch die Befassung der überstaatlichen Instanz als erste Instanz möglich sein.

a) *Organe der überstaatlichen Rechtsprechung in Nationalitätenfragen.* Entsprechend der Forderung, die politische Behandlung für Nationalitätenfragen auszuschalten, müßte der Rat des Völkerbundes als Organ der Entscheidung für Nationalitätenfragen ausscheiden.

Die geeignete Behörde für die Rechtsprechung in Nationalitätensachen ist der Ständige Internationale Gerichtshof im Haag.

Da Nationalitätenfragen sehr stark Spezialfragen in sachlicher, wie auch in regionaler (Europa!) Hinsicht sind, erscheint es zweckmäßig, beim Ständigen Internationalen Gerichtshof eine Spezialkammer für Nationalitätenfragen zu bilden. Solche Spezialkammern bestehen gegenwärtig bereits für Fragen der Internationalen Organisation der Arbeit, des Verkehrs und der Durchfuhr. Die Besetzung dieser Spezialkammern mit 5 Richtern und 4 Beisitzern mit beratender Stimme könnte auch hier beibehalten werden.

Die Qualifikation des Gerichtshofes müßte jedoch für europäische Nationalitätenfragen eine besondere sein. Festgesetzt müßte sein, daß von den 5 Richtern mindestens 4 die Staatsangehörigkeit europäischer Staaten besitzen müßten. Ausgeschlossen vom Richteramt müßten Richter sein, die entweder der Nationalität der Minderheit oder der Nationalität, die den Staat beherrscht, auf dessen Hoheitsgebiet die Frage, die den Gegenstand der Verhandlung bildet, entstanden ist, angehören.

Die Stellen der 4 Beisitzer wären durch je einen Vertreter der Parteien und 2 Mitglieder des europäischen Nationalitätenamts zu besetzen.

b) *Kompetenz der Nationalitätenkammer des Ständigen Internationalen Gerichtshofes.* Die Zuständigkeit der Spezialkammer für Nationalitätenfrage müßte gegeben sein:

1. Für Erstattung von Gutachten über Fragen des Nationalitätenrechts, zu deren Einforderung folgende Institutionen berechtigt sein müßten:

   Der Rat oder die Versammlung des Völkerbundes,
   das Europäische Nationalitätenamt,
   die dem Völkerbund oder dem europäischen Nationalitätenamt angehörenden Staaten,
   die nationalen Kulturselbstverwaltungen.

2. Für Fällung von Urteilen. Die Spezialkammer müßte zuständig sein, für die endgültige rechtskräftige Entscheidung aller Rechtsstreitigkeiten, die aus dem geltenden Nationalitätenrecht entstehen und die ihr von den zum Nationalitätenprozeß legitimierten Institutionen in erster oder höherer Instanz formgerecht unterbreitet werden.

c) *Das Nationalitätenrechtsverfahren.* Das Nationalitätenrechtsverfahren muß entsprechend dem Rechtscharakter durch eine förmliche Klage in Gang gebracht werden können. Zur Klageerhebung müssen berechtigt sein:

1. Die Staaten,
2. die Kulturselbstverwaltungen.

Klageerhebung vor der Spezialkammer in erster Instanz: Prinzipiell soll die Spezialkammer erst nach Erschöpfung des innerstaatlichen Rechtsweges in Aktion treten. Für bestimmte Fälle ist es jedoch erforderlich, die Befassung der Spezialkammer in erster Instanz zu ermöglichen.

Diese erstinstanzielle Klageerhebung muß erfolgen:

1. Wenn Staat und Nationalität übereinstimmend die Frage direkt vor den Gerichtshof bringen wollen.
2. Auf Antrag der Nationalität, wenn der Staat sich geweigert hat, eine beim innerstaatlichen Schiedsgericht eingebrachte Klage der Nationalität vor diesem innerstaatlichen Gericht zu behandeln.

Klageerhebung vor der Spezialkammer in letzter Instanz: Der reguläre Fall der Befassung der Spezialkammer mit einem aus dem

Nationalitätenrecht entstandenen Rechtsstreit ist, daß entweder der Staat oder die Kulturselbstverwaltung der Nationalität gegen das Urteil der ersten oder der letzten innerstaatlichen Instanz des innerstaatlichen Schiedsgerichts für Nationalitätenfragen bei der Spezialkammer Berufung einlegen.

Ist durch die Klageerhebung der Nationalitätenprozeß anhängig geworden, so muß die Spezialkammer das Verfahren als kontradiktorisches durchführen. Beide Parteien, Staat und Nationalität, müssen das Recht haben, Beweismaterial vorzubringen, Beweisanträge zu stellen.

Das Urteil der Spezialkammer ergeht als letztinstanzielles, gegen das ein weiterer Rechtsweg nicht mehr offen steht. Das Urteil hat für beide Parteien bindende Kraft.

d) *Überstaatliche Garantie für die Ausführung des Urteils.* Die bisher im Karitativrecht des Völkerbundes äußerst mangelhaft formulierte Garantie des Völkerbundes für die Vollstreckung von Entscheidungen in Nationalitätenfragen, muß zur festen Garantie des Völkerbundes für die Vollstreckung der Urteile des Ständigen Internationalen Gerichtshofes in Nationalitätensachen ausgebaut werden. Es muß ein rechtsgültiges Vollstreckungsverfahren ausgebildet werden.

Wird das Urteil gegen den Staat erlassen und kommt der Staat dem Urteil binnen einer im Urteil gesetzten Frist nicht nach, so muß der Völkerbund zunächst auf Antrag der betroffenen Nationalität oder auf Antrag des Nationalitätenamtes wirtschaftliche Zwangsmaßnahmen gegen den in Erfüllungsverzug geratenen Staat vorschlagen, die die Mitgliedsstaaten des Völkerbundes unmittelbar auszuführen haben.

Bleiben diese wirtschaftlichen Maßnahmen, als deren äußerste die Blockade in Anwendung zu kommen hat, innerhalb der Frist von drei Monaten ergebnislos, so muß der Völkerbund auf Antrag der europäischen Konferenz des Nationalitätenamtes die bewaffnete Völkerbundsexekution gegen den Staat verhängen.

Diese Völkerbundsexekution kann sofort angeordnet werden, wenn der betreffende Staat als Gegenmaßnahme gegen die wirtschaftlichen Zwangsmaßnahmen, weitere Eingriffe in die Rechte der Nationalität vornimmt.

Ist dagegen einer Klage des Staates gegen die Nationalität, wegen Bruch der von der Nationalität übernommenen Verpflichtungen stattgegeben worden, so muß der Völkerbund die Vollstreckung dieses Urteils dem klagenden Staat übergeben. Die Anordnungen für die Ausführung der Vollstreckung ergehen von einer Kommission, die aus drei Vertretern des betreffenden Staates und drei Vertretern des europäischen Nationalitätenamts besteht.

Es ist verständlich, wenn oftmals behauptet wird, daß ein Ausbau des Nationalitätenrechts und insbesondere des Nationalitätenverfahrens in der genannten Weise zuweit gehe. Wer aber der Überlegung Recht gibt, daß gerade in ungelösten Nationalitätenproblemen die stärkste Gefahr für den Frieden Europas liegt, der wird daraus die Konsequenz ziehen müssen, daß keine Verpflichtung „von internationalem Interesse", d. h. also keine Verpflichtung, deren Erfüllung für den europäischen Frieden wesentlich ist, so starken Garantien unterstellt werden muß, wie gerade das Nationalitätenrecht. Selbst die Konsequenz, daß unter Umständen die Ingangsetzung von Garantieaktionen, die bis zum Kriegszustand reichen, notwendig werden können, wird von geringerer Gefahr sein, als eine mangelhafte Garantie dieses Rechts. Denn eine mangelhafte Berücksichtigung des Nationalitätenrechts schafft eine viel größere Kriegsgefahr.

5. Abteilung.

Das Recht der Volksgemeinschaft.

1. Abschnitt.

Die Notwendigkeit der überstaatlichen kulturellen Zusammenarbeit der Völker.

Die in den vorhergehenden Abteilungen genannten Grundzüge des Nationalitätenrechts betreffen lediglich die innerstaatliche Regelung der Nationalitätenfrage und die Förderung und Garantie dieser Lösung durch gewisse überstaatliche Organe.

Als Endziel der Lösung ist jedoch nicht die ausschließlich innerstaatliche nationalkulturelle Freiheit der Nationalitäten zu bezeichnen. Mannigfaltige Gründe weisen darauf hin, daß die eigenrechtlichen kulturellen Freiheiten der Nationalitäten über die Staatsgrenzen hinausgreifen müssen und notwendig sich auf den ganzen Kulturkreis der Nationalität erstrecken müssen.

Würde ein Staat innerhalb seines Staatsgebietes ausschließlich die innerstaatliche Kulturautonomie der Minderheiten anerkennen, so wäre ihm praktisch die Möglichkeit geboten, die Minderheit von den Wechselbeziehungen mit gleichnationalen Gemeinschaften, die innerhalb des Staatsgebietes anderer Staaten leben, abzuschneiden. Das Ergebnis wäre eine insulare Abgeschlossenheit der Minderheit vom Kulturleben ihrer Volksgemeinschaft.

Zusammenarbeit der ganzen Volksgemeinschaft auf dem Gebiet der nationalen Kultur ist aber ein unabweisbares Erfordernis für die tatsächliche organische Entwicklung dieser Kultur. Ohne geistige Berührung mit allen Teilen der Volksgemeinschaft können insbesondere kleinere Minderheiten leicht zu kulturellem Rückschritt gezwungen werden, da sie aus sich heraus nicht auf allen Gebieten führende Persönlichkeiten hervorbringen können. Dafür können die mannigfaltigsten Gründe maßgebend sein. Einmal ist es meist das Genie, wie es eine Volksgemeinschaft nicht in Massen hervorbringt, das der Kulturentwicklung seines Volkes neue Wege weist, die für die ganze Volksgemeinschaft maßgebend sind. Und nicht jeder Teil einer Volksgemeinschaft kann selbst bei regstem Kulturleben auf allen Gebieten solche geniale Persönlichkeiten hervorbringen. Solche Persönlichkeiten müssen vielmehr Führer der ganzen Volksgemeinschaft auf kulturellem Gebiet sein.

Jedoch selbst Führerpersönlichkeiten mit weniger bahnbrechenden Fähigkeiten — kulturerhaltende und weiterentwickelnde Menschen — wird schwerlich jede einzelne Minderheit aus sich heraus schaffen können. Die soziale Struktur einer Minderheit ermöglicht nicht immer die Pflege aller kulturellen Güter.

Insbesondere sei darauf hingewiesen, daß zur Erfüllung kultureller Aufgaben Mittel notwendig sind, zu deren Aufbringung die einzelnen Teile der Volksgemeinschaft gesondert nicht fähig sind, sondern die nur aufgebracht werden können, wenn die ganze Volksgemeinschaft dafür zusammenarbeitet. Es sei hier nur z. B. auf die Erhaltung muttersprachlicher Hochschulen, auf die Herausgabe von Büchern, auf die Unterhaltung großer Theater- und Konzertinstitute usw. hingewiesen. Genau so, wie es z. B. innerhalb des Deutschen Reiches und innerhalb seiner Länder nicht möglich ist, daß jedes Land, oder gar jeder Bezirk alle Kulturleistungen für sich gesondert ausführt, sondern die Notwendigkeit gegeben ist, gewisse kostspielige Einrichtungen nur an einzelnen Orten zu unterhalten, so ist es auch für die einzelnen Nationalitäten, die teilweise nur über wenige tausend Angehörige innerhalb eines Staates verfügen, unmöglich, verbindungslos zu kulturellen Spitzenleistungen zu gelangen.

Die Kultur eines Volkes bedarf zur organischen Fortentwicklung der gemeinsamen Arbeit des ganzen Volkes. Nur aus dieser Zusammen-

arbeit formt sich die Gesamtkultur eines Volkes, die wohl reich an mannigfaltigen Erscheinungen sein kann, aber nur dann die große Menschheitskultur bereichern wird, wenn ihre Grundzüge der Ausdruck einer Seele und eines Geistes sind.

2. Abschnitt.

Die rechtliche Garantie der Zusammenarbeit.

Im einzelnen können für die Gewährung der Volksgemeinschaft folgende Grunderfordernisse aufgestellt werden:

a) *Ausreisefreiheit aus dem Staatsgebiet zu Bildungszwecken.* Um den Angehörigen der Nationalität die Fühlungnahme mit den anderen Teilen ihrer Volksgemeinschaft zu ermöglichen, muß ihnen die Genehmigung gegeben werden, ohne politische oder wirtschaftliche Hindernisse aus dem Staatsgebiet auszureisen und sich zu Studienzwecken und zum geistigen Austausch mit den anderen Teilen ihrer Volksgemeinschaft in das Gebiet anderer Staaten zu begeben. Insbesondere ist hier daran gedacht, daß Angehörige von kleineren Minderheiten im Ausland höhere muttersprachliche Schulen besuchen, deren Erhaltung der Kulturselbstverwaltung n ihrem Heimatstaat nicht möglich ist. Es kommen hier vor allem Mittelschulen, Fachschulen, Lehrerbildungsanstalten und Universitäten in Frage. Eine weitere Konsequenz dieser Forderung ist, daß die Zeugnisse, die die Staatsangehörigen an solchen Auslandsschulen erwerben, für die Anstellung dieser Staatsangehörigen bei den Einrichtungen der Kulturselbstverwaltung innerhalb des Staatsgebietes anerkannt werden müssen.

b) *Einreisefreiheit in das Staatsgebiet zu Bildungszwecken.* Ebenso ist es erforderlich, daß die Staaten der Einreise von Angehörigen der Volksgemeinschaft einer ihrer Nationalitäten keine Hindernisse in den Weg legen, auch wenn diese Angehörigen einer solchen Volksgemeinschaft eine fremde Staatsangehörigkeit besitzen.

Insbesondere muß es den Kulturselbstverwaltungen freistehen, Angestellte (Lehrer, Vortragende usw.) im Rahmen der Kulturselbstverwaltung zu beschäftigen, die nicht die Staatsangehörigkeit des Heimatstaates besitzen. Die an Schulen eines anderen Teiles der Volksgemeinschaft erworbenen Zeugnisse müssen ebenfalls in dem Staat anerkannt werden, in dem die Kulturselbstverwaltung ihren Sitz hat, die Arbeitgeber der betreffenden Angestellten ist.

Die Einreise vorübergehend für die Kulturselbstverwaltung tätiger gleichnationaler Ausländer muß ebenfalls freistehen. Hierunter fallen besonders auch Theatergruppen und Orchester, die von der Kulturselbstverwaltung zu Gastspielen eingeladen werden.

Der Staat, in dem die Kulturselbstverwaltung, die Ausländer dauernd oder vorübergehend beschäftigt, ihren Sitz hat, soll diesen kulturellen Austausch möglichst durch Erlaß der für Einreise und Aufenthalt allenfalls fälligen Gebühren fördern. Keinesfalls darf der betreffende Staat von solchen Ausländern höhere als die allgemein gültigen Gebühren erheben.

Dem Staat wiederum muß es freistehen, von Angestellten der Kulturselbstverwaltung, die sich länger als 3 Jahre auf seinem Staatsgebiet aufhalten, den Erwerb der Staatsangehörigkeit zu verlangen. Als Voraussetzungen für den Erwerb der Staatsangehörigkeit dürfen jedoch keine unbilligen Anforderungen gestellt werden. Insbesondere darf der Erwerb nicht von besonderen finanziellen Leistungen abhängig gemacht werden. Wird für den Erwerb der Staatsangehörigkeit die Kenntnis der Staatssprache gefordert, so darf von dem Bewerber nicht die fließende Beherrschung der Staatssprache, sondern nur die Möglichkeit, sich in ihr verständlich zu machen, gefordert werden.

c) *Ein- und Ausfuhrfreiheit für Gegenstände des nationalen Kulturbedarfs.* Der Staat muß die zollfreie Einfuhr und Ausfuhr von und nach allen Gebieten, in denen Teile der Volksgemeinschaft einer Nationalität leben, für Gegenstände des nationalen Kulturbedarfs gewähren. Als solche Gegenstände haben zu gelten:

1. Alle Gegenstände, an denen ein Urheberrecht der Literatur, der Tonkunst oder der bildenden Kunst bestehen kann (— oder bestehen könnte, wenn die Fristen für den urheberrechtlichen Schutz nicht schon abgelaufen wären —) und deren Schöpfer ein Angehöriger der Volksgemeinschaft der betreffenden Nationalität ist. Ferner alle Gegenstände, an denen ein solches Urheberrecht nicht bestehen kann, von denen aber zweifelsfrei feststeht, daß sie wesentliche Attribute der Kultur der Volksgemeinschaft der betreffenden Nationalität sind.

Unter die zu 1. genannten Gegenstände fallen insbesondere:

Bücher, Zeitungen, Musiknoten, Schallplatten, Gemälde, künstlerische Reproduktionen, Werke der Plastik, Werke des speziell nationalen Kunstgewerbes.

2. Alle Gegenstände, die zwecks vorübergehender Ausstellung von der kulturellen Selbstverwaltung ins Land gebracht werden und die dazu dienen, die Leistungen der betreffenden Volksgemeinschaft darzustellen.

Veranstaltet die kulturelle Selbstverwaltung Ausstellungen über die Leistungen ihrer Volksgemeinschaft und kommen hierbei auch Gegenstände zur Ausstellung, die nicht speziell nationalkulturellen Charakter tragen (z. B. Ausstellung von Leistungen der Angehörigen dieser Volksgemeinschaft auf dem Gebiet der Technik, des Sportes usw.), so soll es dem Staat vorbehalten sein, von der kulturellen Selbstverwaltung zu verlangen, daß diese Ausstellung auch allen andersnationalen Staatsbürgern zugänglich gemacht wird.

Zu b) und c). Betätigt sich eine Persönlichkeit, die sich auf Grund der Bestimmungen zu 2 auf dem Staatsgebiet aufhält, politisch gegen den Staat oder ergeht sie sich in objektiv beleidigenden Äußerungen gegen eine andere in dem betreffenden Staat vertretene Kultur, so muß es dem Staat freistehen, sie aus dem Staatsgebiet zu verweisen.

Ebenso muß es dem Staat freistehen, die Einfuhr von Gegenständen zu verbieten, die denselben Zweck verfolgen.

d) *Überstaatlicher organisatorischer Zusammenschluß von Einrichtungen der nationalkulturellen Selbstverwaltungen.* Die Staaten dürfen den kulturellen Selbstverwaltungen keine Hindernisse in den Weg legen, sich zur Ausführung ihrer kulturellen Aufgaben überstaatlich zusammenzuschließen. Solche überstaatliche Zusammenschlüsse schließen keineswegs, wie vielfach behauptet wird, eine Minderung der staatlichen Souveränität in sich. Auf verschiedenen anderen Gebieten bestehen solche überstaatliche Zusammenschlüsse bereits. Es seien hier nur die überstaatlichen Zusammenschlüsse religiöser Gemeinschaften, wirtschaftlicher Gesellschaften (Syndikate, Kartelle, Schiffahrtsgesellschaften usw.) u. a. erinnert.

Als Zweck des überstaatlichen Zusammenschlusses nationalkultureller Gemeinschaften ist zunächst allgemein die bereits in der Einleitung zu diesem Kapitel genannte Notwendigkeit der

Volksgemeinschaft

zu nennen. Die gegenseitigen Wechselbeziehungen der einzelnen Teile der Volksgemeinschaften werden in eine gewisse organisatorische Ordnung gebracht.

Im einzelnen wäre Gegenstand der Organisation:

a) Gemeinsame Wahrnehmung der Kulturinteressen der ganzen Volksgemeinschaft durch einen Volks-Kulturrat.
b) Gemeinsame Errichtung kultureller Einrichtungen, deren Schaffung und Erhaltung die Kräfte der einzelnen Teile der Volksgemeinschaft übersteigt.
c) Finanzausgleich unter den einzelnen nationkulturellen Gemeinschaften mit dem Ziel, minderbemittelten Teilen der Volksgemeinschaft die für die Erhaltung eines blühenden Kulturlebens erforderlichen Mittel zuzuwenden.

3. Abschnitt.

Der europäische Kulturföderalismus.

Nimmt man die für die innerstaatliche Durchführung der Kulturselbstverwaltung und für das Recht der Volksgemeinschaft aufgestellten Grundsätze zusammen, so ergibt sich, daß sich in geistig-seelischer Hinsicht durch die Inkraftsetzung dieser Grundsätze eine neuartige Organisation bilden würde:

die Organisation der nationalen Kulturkreise.

Innerhalb dieser Kulturkreise würde sich die Kulturentwicklung der Völker wie die Erziehung der Einzelmenschen, die ihnen angehören, vollziehen, ohne Rücksicht auf die staatsbürgerliche Zugehörigkeit der betreffenden Menschen. Wenn man sich, wie in dieser Arbeit dargelegt, zu der Tatsache bekennt, daß die psychische Gegeneinanderordnung der Völker einerseits auf dem Willen der Mehrheitsbevölkerung der Staaten beruht, die Minderheitsvölker zu beherrschen und andererseits auf dem Willen der Minderheitsvölker, diese geistige Unterordnung nicht anzuerkennen, so wird man die Schlußfolgerung ziehen müssen, daß die Gewährung der kulturellen Freiheitsrechte an die Völker diesen Gegensatz beseitigen muß und die Gegeneinanderordnung in eine Nebeneinanderordnung überführt wird.

Diese Nebeneinanderordnung würde sich jedoch nicht in einem interesselosen Nebeneinanderleben erschöpfen. Die Beseitigung der Gegeneinanderordnung der Völker würde zugleich auch den Grund für die gegenseitige Herabsetzung der Völker beseitigen. Auf dem Boden der neuen Nebeneinanderordnung würde die Erkenntnis reifen, daß die Kulturen der Völker verschieden alt, verschieden entwickelt, aber für ihr Volk gleich wertvoll sind, daß sie für jedes Volk der Ausdruck seiner Seele sind. Aus dieser Erkenntnis würde die gegenseitige Achtung der Völker erwachsen. Die Verschiedenheit der europäischen Kulturen würde nicht mehr wie zu der Zeit, zu der die stärkeren die Angleichung der schwächeren erstrebten, als ein Unglück empfunden werden, sondern gerade in dieser Verschiedenartigkeit würde eine Quelle unerschöpflichen Reichtums erkannt werden. Die frei werdenden Kräfte des Nationalbewußtseins, die bisher im Nationalitätenkampf und Nationalitätenhaß gebunden waren, würden aufbauender Kulturarbeit zugewandt. Ein Aufschwung der gesamten abendländischen Kultur müßte die Folge dieser Neuregelung der europäischen Völkerbeziehungen sein.

Daß die Staaten durch diese Regelung keinen Schaden erleiden würden, ist bereits bei der Behandlung der Beziehungen von Staatssouveränität und Nationalitätenrecht dargetan worden. Im Gegenteil: es wäre zweifellos eine Stärkung für die Staaten, wenn dort, wo ein rein nationalstaatliches Prinzip nicht in Frage kommen kann, eine Parallelorganisation zwischen Staaten und Kulturkreisen stattfinden würde, mit der klaren Arbeitsteilung, daß die Kulturkreise in den Staaten, auf deren Gebiete sie sich erstrecken, die kulturellen Aufgaben, die direkt vom Staat aus nicht zu erfüllen sind, als delegierte Beauftragte des Staates ausführen und dadurch die Reibungsflächen auf diesen Gebieten beseitigt werden, während die Staaten selbst die Garanten des Rechts und der sozialen Ordnung bleiben. Der europäischen Gesamtkultur, nicht im Sinne eines verwaschenen Paneuropabegriffes — vielleicht mit Esperanto als Staatssprache —, sondern als der Gesamtheit der europäischen nationalen Einzelkulturen und den Staaten, die durch ein blühendes Kulturleben ebenfalls gefördert werden, ist diese Ordnung der Kulturkräfte, die eine Gewähr für Kulturblüte und -frieden vorstellt, förderlich. Die Gesamtordnung ist am besten als

europäischer Kulturföderalismus

zu bezeichnen.

Übergeordneter Begriff der Gemeinsamkeit ist der Wille

1. *Macht als Funktion des Rechts auszuüben,*
2. *die europäischen Einzelkulturen zu fördern.*

Vertragspartner sind:

1. *Die Kulturselbstverwaltungen und ihre Gemeinschaft, die Kulturkreise,*
2. *die Staaten, in denen die Kulturselbstverwaltungen ihren Sitz haben.*

Dadurch aber, daß die Kulturkreise über die Staatsgrenzen hinausgreifen und dadurch, daß für eine psychische Gegeneinanderordnung der Völker der Raum nicht mehr vorhanden ist, muß notwendigerweise auch eine Nebeneinanderordnung der Staaten erzielt werden, da eben jeder kriegführende Staat sich auf den Willen eines auf seinem Staatsgebiet lebenden Mehrheitsvolkes, Krieg gegen einen anderen Staat zu führen, stützen muß. Dieser Wille wird aber nur dann vorhanden sein, wenn bei dem betreffenden Mehrheitsvolk der Wille vorhanden ist, den gegenwärtigen Rechtszustand abzuändern und diesem Druck von der Gegenseite ein Gegendruck entgegengesetzt wird. Durch die Anerkennung des Prinzips der nationalkulturellen Freiheit und der Ausübung jedes nationalkulturellen Bekenntnisses ohne Einschränkung der staatsbürgerlichen Gleichberechtigung, ist ein psychischer Gleichgewichtszustand zwischen den Völkern entstanden, der einer evolutionären Kulturentwicklung Raum gibt und die Reibungen auf kulturellem Gebiet dadurch beseitigt, daß dieses kulturelle Gebiet den föderalen Gemeinschaften, die sich zu den einzelnen Kulturen bekennen, zugewiesen wird.

Im Schlußkapitel wird auch noch kurz die Einwirkung des europäischen Kulturföderalismus auf die Möglichkeiten der Schaffung eines biologischen Gleichgewichts der europäischen Menschheit behandelt werden.

6. Abteilung.

Praktische Anfänge zur Verwirklichung der Reform des Minderheitenrechts.

Es ist für die Betrachtung nationalitätenrechtlicher Fragen von größter Bedeutung, festzustellen, inwieweit die Gedanken einer Überführung des karitativen Minderheitenrechts in Eigenrecht der Nationalitäten Boden gefaßt haben und Aussicht haben, weiter Boden zu fassen.

Als positive Ergebnisse sind bisher zwei bedeutsame Tatsachen festzustellen: Die Schaffung des estländischen Kulturautonomiegesetzes und die Einigung der überwiegenden Mehrzahl der organisierten nationalen Gruppen in den Staaten Europas auf Forderungen, die ungefähr den in dieser Arbeit ausgesprochenen Forderungen entsprechen.

1. Abschnitt.

Das estländische Kulturautonomiegesetz.

Das estländische Staatsgrundgesetz enthält eine Reihe von Bestimmungen zugunsten der auf estländischem Staatsgebiet lebenden Nationalitäten. Hier ist zunächst die Gleichheit der Angehörigen aller Nationalitäten vor dem Gesetz garantiert, ferner ist garantiert, daß für die Feststellung der Nationalität der Staatsbürger das reine Bekenntnisprinzip entscheidet, daß die Nationalitäten im Verkehr mit den Behörden weitgehend die eigene Muttersprache zur Anwendung bringen können und endlich ist den Nationalitäten das Versprechen gegeben, ihnen die Schaffung eigener autonomer Institutionen zum Zweck der Kulturpflege gegen Garantie der Loyalität gegenüber dem Staat, zu genehmigen.

Auf Grund dieser Bestimmungen erging 1925 (Estländischer Staatsanzeiger Nr. 31/32, Jahrg. 1925) das im Benehmen mit den Nationalitäten, insbesondere unter hervorragender Mitarbeit der deutschen Nationalität unter Führung des Abg. Werner Hasselblatt, geschaffene

„*Gesetz über die Kulturselbstverwaltung der Minoritäten*".

Die Einleitung zu dem Motivenbericht dieses Gesetzes sei als eines der bemerkenswertesten Dokumente auf dem Weg zur Anerkennung der nationalkulturellen Freiheit im Wortlaut wiedergegeben. Sie lautet:

„*Der Umstand, daß nur in wenigen Staaten alle Staatsangehörigen zu ein und derselben Nationalität gehören und daß die Staatsgrenzen nur in einigen Ausnahmefällen genau mit den Sprachgrenzen übereinstimmen, hat das Minoritätenproblem in den Vordergrund gestellt. Noch kürzlich wurde dieses Problem, z. B. in Rußland als Problem der ‚Fremdvölker' angesehen und versucht, es in primitiver Weise auf rein machtpolitischen Wegen, durch Unterdrückung oder relative Bevorzugung zu lösen. Die stets wachsende Einsicht, daß jede Nationalität ein natürliches Recht auf Schutz, Anerkennung seiner staatlichen Bedeutung und auf feste Verankerung dieser Forderung besitzt, hat die Minoritätenfrage im Lauf des letzten Jahrzehnts von Jahr zu Jahr immer mehr vom rein machtpolitischen Boden auf den rechtspolitischen überführt. Dadurch ist sowohl im Völkerrecht, wie auch im Staatsrecht ein neues wichtiges Gebiet geschaffen worden, an welchem wohl kein europäischer Staat seine Mitarbeit versagen dürfte. Dieses Rechtsgebiet umfaßt verschiedene Gebiete des Minoritätenschutzes, darunter auch die Frage der Sicherstellung des ungestörten kulturellen Eigenlebens, welches zweifellos den Eckstein des Problems bildet. Wenn der Grundsatz der Gleichberechtigung aller Staatsbürger gelten soll, so müssen die zu einer Minorität gehörigen Staatsbürger, d. h. jede nicht zum Majoritätsvolk gehörige Gruppe, die den Willen und die Fähigkeit zu kulturellem Eigenleben hat, auch dieselben national-kulturellen Entwicklungsmöglichkeiten haben, wie das Majoritätsvolk, dem die Entwicklung seiner völkischen Eigenart schon durch seine eigenen staatlichen Organe gesichert ist. Es ist da eine unbestreitbare Tatsache, daß kein Volk die kulturellen Bedürfnisse eines anderen Kulturvolkes ebenso gut erkennen und befriedigen kann, wie dieses selbst.*"

In diesen Worten liegt die Anerkennung der Notwendigkeit des kulturellen Eigenrechts und die tatsächlichen Bestimmungen des Gesetzes entsprechen diesen Zusagen vollkommen. In den Grundzügen enthält das Gesetz folgende Bestimmungen:

a) *Charakter des Autonomiegesetzes:* Das Autonomiegesetz stellt nationales Eigenrecht dar. Die Selbstverwaltung ist eine öffentliche staatliche Institution, die ihre Befugnisse als delegierte Instanz des Staates ausübt. Sie untersteht im Rahmen der Gesetze derselben staatlichen Aufsicht, wie die örtlichen kommunalen Selbstverwaltungen.

b) *Zuständigkeit der Kulturselbstverwaltung:* Die Selbstverwaltung ist für die Erfüllung ihrer sämtlichen Kulturaufgaben und zur Ergreifung der dazu erforderlichen Ausführungsmaßnahmen zuständig. Insbesondere sind folgende Pflichten und Rechte zu nennen:

1. Organisation, Verwaltung und Überwachung der öffentlichen und privaten muttersprachlichen Lehranstalten der entsprechenden Minorität. Fürsorge für alle die übrigen Kulturaufgaben der entsprechenden Minorität und die Verwaltung der hierzu ins Leben gerufenen Anstalten und Unternehmungen.
2. Erlaß verbindlicher Verordnungen für die der Selbstverwaltung angehörenden Staatsbürger, insbesondere auch das Recht der Selbstbesteuerung. Die Verordnungen dürfen jedoch den Bereich der Selbstverwaltung nicht überschreiten.
3. Führung des Nationalregisters.

c) *Organe der Kulturselbstverwaltung* sind folgende:

1. Die Selbstverwaltung besteht aus der Gesamtheit der stimmberechtigten ins Nationalregister eingetragenen Mitglieder der Nationalität.
2. Der Kulturrat leitet die Arbeit der Selbstverwaltung.
3. Die Kulturkuratorien werden als örtliche Arbeitsinstanzen der Selbstverwaltung vom Kulturrat ins Leben gerufen.

d) *Finanzielle Grundlagen der Selbstverwaltung* bestehen aus:

1. Staatlichen und kommunalen Geldern für Elementar- und Mittelschulen und aus staatlichen und kommunalen Unterstützungssummen für Kulturzwecke.
2. Öffentlichen Steuern, die den Angehörigen der Nationalität vom Kulturrat auferlegt werden und die auf Grund gemeinsamen Antrages des Unterrichts- und Finanzministers von der Staatsregierung bestätigt werden.
3. Schenkungen, Sammlungen, Stiftungen, Erbschaften und Einkommen aus eigenem Vermögen.

e) *Das Nationalregister* entscheidet über die Zugehörigkeit einer Person zu einer bestimmten Nationalität. In das Nationalregister kann sich jeder estländische Staatsbürger, der mindestens 18 Jahre alt ist, aufnehmen lassen. Kinder unter 18 Jahren werden entsprechend dem Bekenntnis der Eltern, im Zweifelsfalle des Vaters, den Nationalitäten zugezählt. Sie müssen sich jedoch nach Vollendung des 18. Lebensjahres, falls sie der Nationalität weiter angehören wollen, selbst registrieren lassen. Es ist also das Bekenntnisprinzip im vollen Umfang anerkannt.

Das Ausscheiden aus der Nationalität erfolgt durch den Verlust der estländischen Staatsbürgerschaft oder auf eigenen Wunsch. Im letzteren Fall ist eine bestimmte Frist vorgesehen, während deren das Mitglied noch seinen Beitragsverpflichtungen nachzukommen hat. Die Abmeldung ist ein halbes Jahr vor ihrer Wirksamkeit schriftlich anzuzeigen. Die Wiederaufnahme von Persönlichkeiten, die auf Grund freien Willens ausgeschieden sind, kann von der Selbstverwaltung verweigert werden.

f) *Die Errichtung der Kulturselbstverwaltung*. Für die Errichtung der Kulturselbstverwaltung ist folgendes Verfahren vorgesehen: Als Minorität im Sinne des Autonomiegesetzes gilt jede Minorität, deren Gesamtzahl nicht kleiner ist, als 3000. Die Minoritäten, die

die Errichtung einer Kulturselbstverwaltung wünschen, richten einen entsprechenden Antrag durch ihre Volksvertreter oder durch ihre kulturellen Organisationen an die Staatsregierung. Die Staatsregierung läßt dann durch die zur Führung der amtlichen Wahllisten verpflichteten Instanzen ein Verzeichnis aller stimmberechtigten Glieder der betreffenden Nationalität aufstellen. Hierfür ist eine Frist von einem Monat vorgesehen. Grundlage für das Verzeichnis sind die diesen Instanzen vorliegenden Daten *und* Erklärungen einzelner Staatsbürger über ihre Nationalität. Jeder Staatsbürger, der in dieses Verzeichnis aufgenommen ist, kann diese Eintragung binnen einer zweimonatigen Frist noch rückgängig machen. Hat er die Eintragung binnen dieser Frist nicht rückgängig gemacht, so wird er in das erste Nationalitätenregister eingetragen. Erreicht die Zahl der nach dieser Frist für das Nationalregister angemeldeten Personen mindestens die Hälfte der bei der letzten Volkszählung festgestellten volljährigen Bürger der betreffenden Nationalität, so werden auf Grund dieser Tatsache die ersten Wahlen zum Kulturrat ausgeschrieben.

Bleibt die Zahl unter 50% der bei der letzten Volkszählung festgestellten Zahl volljähriger Staatsbürger der betreffenden Nationalität, so entfällt das Recht der Minderheit auf Errichtung der Kulturselbstverwaltung. Ein neuer Antrag kann dann erst nach drei Jahren wieder gestellt werden.

Sind die Voraussetzungen für *Kulturratswahlen* gegeben, so wird ein Hauptkomitee begründet, das die Wahlen ausschreibt, beaufsichtigt und ordnet. Es besteht aus einem Vorsitzenden, der der betreffenden Minorität angehören muß, einem richterlichen und einem vom Staat ernannten Mitglied.

Die Staatsregierung bestimmt sodann auf Antrag des Hauptkomitees die *Zahl der Kulturräte* für die Minderheit, die sich zwischen 20 und 60 bewegen kann.

Die Wahlen werden darauf in jedem Wahlkreis entsprechend den *Kreistagswahlen* durchgeführt. Wahlberechtigt sind die volljährigen Glieder der Minorität, die ins Nationalregister eingetragen sind.

Bleibt die Wahlbeteiligung unter 50%, so gilt der Antrag auf Errichtung der Kulturselbstverwaltung als *erloschen*, steigt sie über 50%, so beruft der Vorsitzende des Hauptkomitees binnen 2 Wochen den Kulturrat ein und leitet die Wahl des Präsidiums.

Der nunmehr selbständige Kulturrat beschließt mit einer Mehrheit von $^2/_3$ die Errichtung der Kulturselbstverwaltung, die dann von der Staatsregierung für eröffnet erklärt wird. Die Wahldauer des Kulturrates beträgt 3 Jahre.

g) *Auflösung der Kulturselbstverwaltung.* Die Kulturselbstverwaltung kann ihre Tätigkeit auf Grund eines mit $^2/_3$ der gesetzlichen Mitgliederzahl gefaßten Beschlusses des Kulturrates einstellen. Die Selbstverwaltung erlischt von selbst, wenn die Zahl der Glieder der Minorität unter 3000 sinkt oder wenn die Zahl der im Nationalregister verzeichneten volljährigen Mitglieder der Kulturselbstverwaltung auf unter die Hälfte der bei der letzten Volkszählung festgestellten volljährigen Bürger der entsprechenden Minorität überhaupt sinkt.

Die Beendigung erfolgt wie die Begründung durch Verordnung der Staatsregierung.

h) *Kulturselbstverwaltung und Staatsbürgerpflichten.* Es wird in der estländischen Kulturselbstverwaltung streng zwischen politischen und kulturellen Interessen unterschieden. Die Kulturselbstverwaltung hat sich ausschließlich mit den kulturellen Interessen ihrer Nationalität zu befassen. Die Mitglieder der völkischen Kulturselbstverwaltung werden weder von ihren allgemeinen Bürgerpflichten noch von ihren Verpflichtungen gegenüber den lokalen allgemeinen Selbstverwaltungskörperschaften befreit.

Die Staatsregierung kann den Kulturrat auflösen und Neuwahlen ausschreiben. Diese Auflösung kann insbesondere erfolgen, wenn der Kulturrat seine Kompetenzen überschreitet.

Diese Rechtsbeziehungen zwischen Staat und Kulturselbstverwaltung dienen der Garantie der Verpflichtung der Loyalität der Nationalitäten gegenüber dem Staat.

i) *Übergabe der Bildungseinrichtungen an die Selbstverwaltung.* Das öffentliche Schulnetz der Minoritäten wird von den lokalen und Kreisselbstverwaltungen (Staatsinstitutionen) zusammen mit der Kulturselbstverwaltung gemeinsam ausgearbeitet und von der Staatsregierung bestätigt. Bei der Eröffnung oder Übergabe der Schulen an die Selbstverwaltung bestimmt die Staatsregierung die Summen, die der Selbstverwaltung zum Unterhalt dieser Schulen zu zahlen sind. Mit der Eröffnung der Schultätigkeit der Selbstverwaltung erlischt die Verpflichtung der lokalen Kommunalverwaltungen, für die Bildung der der Minorität angehörenden Kinder zu sorgen.

k) *Estnische Kulturselbstverwaltungen.* Die Staatsregierung behält sich vor, in Gegenden, in denen das Staatsvolk in der Minderzahl ist, für die betreffenden Teile des estnischen Volkes analoge Selbstverwaltungskörperschaften durch Verordnung ins Leben zu rufen.

l) *Errichtete Kulturselbstverwaltungen.* Als erste Nationalität haben die Deutschen Estlands von den aus dem Gesetz sich ergebenden Rechten Gebrauch gemacht und ihre deutsche Kulturselbstverwaltung errichtet. Die Beteiligung der estnischen Staatsbürger deutscher Nationalität an der Selbstverwaltung beträgt rund 100%. Die verschwindend geringe Zahl der Deutschen, die von der Einrichtung keinen Gebrauch gemacht haben, ist kaum im Bruchteil eines Prozentes auszudrücken.

Die Erfahrungen, die die deutsche Minderheit in Estland mit dem nationalständischen Zusammenschluß gemacht hat, sind ausgezeichnete. Der Nationalstand ist zu einer kulturellen Leistungsgemeinschaft ersten Ranges geworden und ein starkes Aufblühen des deutschen Kulturlebens ist infolge der Errichtung der Selbstverwaltung festzustellen.

Kulturell ist die deutsche Minderheit in Estland saturiert.

Die Zusammenarbeit mit den Organen des estländischen Staates hat sich außerordentlich vertrauensvoll und loyal gestaltet.

Einige Schwierigkeiten sind bisher lediglich auf dem Gebiete des Finanzausgleichs festzustellen gewesen.

Die Erfahrungen der deutschen Minderheit mit der Kulturselbstverwaltung werden auch die schwedische, die russische und die jüdische Minderheit veranlassen, von dem Recht der Errichtung der Kulturselbstverwaltung Gebrauch zu machen.

Ein Vergleich der Bestimmungen des estländischen Kulturautonomiegesetzes mit den für das innerstaatliche Nationalitätenrecht aufgestellten Forderungen zeigt, daß die estländische Kulturautonomie diesen Forderungen nahezu in vollem Umfang nachkommt. Das Beispiel Estlands hat in bahnbrechender Weise dargetan, daß diese Forderungen praktisch durchführbar sind und daß sie auch tatsächlich nicht nur der Minderheit, sondern ebenso dem Staat und seiner Autorität bei den Nationalitäten förderlich sind. Die Nationalitäten sind hier in vollem Umfang zur verantwortungsbewußten Mitarbeit am Staat herangezogen und die Tätigkeit, die sie für ihre Kultur ausüben, üben sie als Beauftragte des Staates selbst, für den Staat, nicht gegen den Staat aus.

Ein Antrag auf Kulturautonomie für die Minderheiten in Deutschland wurde 1926 von der demokratischen Reichstagsfraktion eingebracht.

Zur Zeit des Abschlusses der vorliegenden Arbeit werden die Bestimmungen einer preußischen Verordnung über das neue Schulrecht für die Minderheiten in Deutschland bekannt. Diese Bestimmungen schaffen einen der Kulturautonomie sehr ähnlichen Zustand. Insbesondere ist festgesetzt, daß zur Bestimmung der Zugehörigkeit zu einer nationalen Minderheit ausschließlich das Bekenntnisprinzip maßgebend ist und daß das Bekenntnis weder nachgeprüft noch bezweifelt werden darf.

Für die Errichtung von Minderheitenprivatschulen ist nur die Gewährleistung eines regelmäßigen Schulbesuches und die Lehrbefähigung der Lehrkräfte — die aber nicht unbedingt die Lehrbefähigung für preußische Schulen zu sein braucht — gefordert. Wenn in einen Schulverband von ca. 20000 Einwohnern mindestens 40 Kinder die Minderheitenschule besuchen, ist der Staat verpflichtet, den Schulen eine staatliche Subvention zu bezahlen, die 60% der Aufwendungen für die Besoldung der vollbeschäftigten Lehrkräfte betragen soll. Besteht eine solche Schule mit einem Besuch von 40 Schülern 3 Jahre hindurch, so muß sie auf Antrag der Erziehungsberechtigten in eine staatliche Minderheitenschule umgewandelt werden. Wünscht aber die Mehrheit der Erziehungsberechtigten diese Umwandlung nicht, so bleibt sie Privatschule.

Eine freiheitliche Behandlung der Minderheiten mit weitreichender kultureller Autonomie herrscht auch in Lettland und hat auch dort für den Staat wie für die Minderheiten zu den besten Erfolgen geführt.

2. Abschnitt.

Der europäische Nationalitätenkongreß.

Die Tatsache, daß die Notlage der meisten europäischen Minderheiten, wenn sie auch in ihren Abstufungen verschieden ist, dennoch auf die gleiche Ursache, das System der Mehrheitsherrschaft, zurückzuführen ist, mußte notwendigerweise bei allen nationalen Minderheiten Europas einen guten Boden für den Gedanken schaffen, sich untereinander zu verständigen, sich auf eine einheitliche Zielformel zu einigen und den Kampf um die große prinzipielle Neugestaltung Europas zusammenzuführen.

Diese notwendige Zwangseinstellung der europäischen Minderheiten allein konnte jedoch noch nicht für die Zusammenarbeit ausgenützt werden, bevor eine Führerschicht für diese Bewegung geschaffen war. Erst nachdem sich eine Reihe hervorragender Persönlichkeiten zusammengefunden hatten, war die Möglichkeit des Zusammenschlusses gegeben.

Unter den deutschen Minderheiten und auch unter den Minderheiten anderer Nationalität hatte bereits etwa um das Jahr 1922 eine Fühlungnahme über ein gemeinsames Vorgehen stattgefunden. Im Jahr 1924 wurde dieser Gedanke der Gemeinsamkeit durch die Initiative des Deutschbalten Dr. Ewald Ammende auf eine Zusammenarbeit aller europäischer Minderheiten ausgedehnt. Er regte an, zur Feststellung der allen Minderheiten gemeinsamen Forderungen einen Kongreß der organisierten nationalen Gruppen in den Staaten Europas einzuberufen. Die von ihm im Frühjahr 1925 verfaßte Denkschrift „Gründe, Richtlinien und Programm für eine Tagung der Vertreter aller organisierten nationalen Gruppen in Europa" ist dann auch in der Folge zur Grundlage der ersten europäischen Nationalitätentagung vom 14.—16. Okt. 1925 in Genf geworden.

Solche Kongresse haben inzwischen bereits 3 stattgefunden. Der erste tagte 1925 in Genf. Die Verbindung zwischen den verschiedenen Tagungen wird durch einen vom Kongreß erwählten Ausschuß, sowie durch die ständige Geschäftsstelle, deren Leiter der Generalsekretär ist, aufrecht erhalten. Somit ist heute eine Organisation der europäischen Minderheiten geschaffen, die die überwiegende Mehrzahl der europäischen Minderheitengruppen umfaßt.

Die Gesamtzahl der im Kongreß durch ihre berufenen Repräsentanten, meist ihre Parlamentarier, vertretenen Minderheitenangehörigen beträgt heute ca. 40 Millionen.

Es war für die europäischen Nationalitätenkongresse ein ungewöhnlich großes Glück, daß sich sowohl in ihrer Vollversammlung, wie auch in ihrem Präsidium eine Anzahl führender Männer zusammengefunden hat, die, im Leid des Nationalitätenkampfes gereift und erfahren, mit geradezu prophetischem Weitblick an der Gestaltung der Schicksale ihrer Völker arbeiten.

Besonders genannt sei als bahnbrechend Führer der Bewegung der Präsident des Nationalitätenkongresses Dr. Josip Wilfan, der Vertreter der slowenischen Minderheit im italienischen Parlament. In ihm hat die europäische Nationalitätenbewegung einen ausgezeichneten Führer von reinstem und lauterstem Wollen, ungewöhnlicher Selbstlosigkeit und höchster Befähigung gefunden, der bei allen Minderheiten gleich große Verehrung, bei den Gegnern ungeteilte Achtung genießt. Dem Präsidenten steht als einziger vom Kongreß bestimmter Funktionär, der Generalsekretär Dr. Ewald Ammende, zur Seite, in dessen Händen sich die schwierige Aufgabe der Vorarbeit zu den Kongressen, sowie der Aufrechterhaltung der Verbindung zwischen allen am Kongresse beteiligten Gruppen befindet.

Unter den Führern der deutschen Gruppen ragen besonders hervor Dr. Schiemann, der bekannte Führer der Deutschen in Lettland und zugleich deutscher Vertreter im Kongreßpräsidium, Dr. Werner Hasselblatt, der Schöpfer der estländischen deutschen Kulturautonomie, Abg. Dr. Brandsch, der Führer der Siebenbürgener Sachsen, Landrat a. D. Dr. Naumann, der die Deutschen in Polen vertritt und insbesondere, ebenso wie Dr. Schiemann, Dr. Schmidt-Wodder und Dr. Brandsch, wesentlichste Verdienste um die Gestaltung der Idee der Volksgemeinschaft hat. Die jüdischen Gruppen verfügen in Dr. Leo Motzkin und Dr. Margulies und dem Abgeordneten Robinson über hervorragende Vertreter. Die ungarischen Gruppen stellen neben Dr. Geza v. Szüllö vor allem im Vizepräsidenten der ungarischen Partei Rumäniens und Leiter ihrer Minderheitenzeitschrift Dr. v. Jakabffy einen ausgezeichneten Mann. Ebenso wie auch die Mitarbeit der beiden katalanischen Vertreter Prof. Maspons i Anglassel und Direktor Estelrich überaus wertvolle neue positive Gesichtspunkte ergab. Von den Russen sei der Dorpater Universitätsprofessor Abg. Kurtschinsky und von den Ukrainern der Führer der Ukrainer im polnischen Sejm, Abg. Dr. Lewickyj und von den Tschechen Parteisekretär Strnad genannt. Es würde zu weit führen, alle bedeutenden Männer dieses Kongresses einzeln aufzuführen. Unter ihrer Leitung ist der Kongreß geradezu eine Werkstätte emporreißender neuer Gedanken geworden. Die Synthese praktischer Politik mit ethischen Gedanken freiheitlicher Neuordnung der Völkerbeziehungen wird — damit soll eine Überzeugung ausgesprochen sein — aus den Reihen dieser Führer der Unterdrückten geboren werden und ihre Namen werden in der Geschichte bestehen, wenn die Namen ihrer Unterdrücker bereits längst vergessen sind. Diese Überzeugung und Würdigung der Mitarbeiter am europäischen Nationalitätenkongreß an dieser Stelle auszusprechen, erachte ich als eine ehrenvolle Pflicht.

Im folgenden sei in kurzen Zügen ein Überblick über Wesen, Ziel und Arbeit des Kongresses gegeben:

a) *Voraussetzungen der Zulassung und vertretene Gruppen.*[1]) Um zum Kongreß zugelassen zu werden, müssen die nationalen Gruppen gewissen Bedingungen entsprechen. Die Gruppen müssen 1. organisiert sein, 2. über einen selbständigen nationalen Kulturwillen verfügen, der durch dauernde kollektive kulturelle Lebensäußerungen erwiesen werden muß und 3. es darf keine Gruppe aufgenommen werden, die eine territoriale Lösung ihres Problems zum Gegenstand der Diskussion zu machen wünscht. Diese Zulässigkeitsbedingungen sollen nunmehr noch weiter spezialisiert werden. Auf Grund dieser Zulässigkeitsvoraussetzungen wurden in dem letzten Kongreß in Genf (1927) folgende Minderheitsgruppen aufgenommen[2]): Deutsche Gruppen aus Dänemark, Estland, Ungarn, Italien, Jugoslawien, Lettland, Polen, Rumänien und aus der Tschechoslowakei; jüdische Gruppen aus Lettland, Polen, Tschechoslowakei, Bulgarien, Rumänien, Litauen; ungarische Gruppen aus der Tschechoslowakei, Jugoslawien und Rumänien; polnische Gruppen aus Deutschland, Lettland, der Tschechoslowakei und Litauen; katalanische Gruppe aus Spanien; slowenische Gruppe aus Österreich; slowenisch-kroatische Gruppe aus Italien; tschechische Gruppe aus Österreich; russische Gruppen aus Estland und Polen; dänische Gruppe aus Deutschland; wendische Gruppe aus Deutschland; schwedische Gruppe aus Estland. Als Beobachter und vom nächsten Kongreß ab als Mitglieder werden auftreten die ukrainischen Gruppen aus Polen und Rumänien und die weißrussische Gruppe aus Polen.

Unter Berücksichtigung dieser Tatsachen dürfte der Kongreß gegenwärtig die Vertretung von 40—45 Millionen Minderheitsangehörigen darstellen.

b) *Die Arbeit der bisherigen Kongresse.* Bisher haben vier Kongresse der organisierten nationalen Gruppen in den Staaten Europas 1925, 1926 und 1927 in Genf stattgefunden. Die Konferenzen haben jeweils die Ergebnisse ihrer Aussprachen in programmatischen Entschließungen niedergelegt. Die Entschließungen des 1. Kongresses (1925)[3]) fordern die nationalkulturelle Freiheit als ethisches Grundprinzip. Sie soll den Völkern Europas ebenso zugebilligt werden, wie innerhalb eines Staates für alle Staatsbürger gleiche staatsbürgerliche und wirtschaftliche Rechte gelten sollen.

[1]) Vgl. Sitzungsbericht des Kongresses, Genf, 25.—27. Aug. 1926, S. 10ff.
[2]) Vgl. Mitteilungen des Sekretariates des 3. Kongresses 1927.
[3]) Siehe Sitzungsbericht des 1. Kongresses, Genf 1925.

Zur praktischen Verwirklichung der nationalkulturellen Freiheit schlägt der Nationalitätenkongreß die Errichtung von Kulturautonomien als öffentlich-rechtliche Körperschaften vor. Der Völkerbund wird darauf hingewiesen, daß seine Arbeit für die Erhaltung des Friedens mit der Lösung der Nationalitätenfrage einsetzen muß.

Der 2. Kongreß [1926][1]) faßt eine Reihe von Entschließungen, die größtenteils die Spezialisierung der programmatischen Forderungen des 1. Kongresses enthalten. Für die Errichtung der Kulturautonomien ist hier gefordert: 1. daß die Errichtung im Einverständnis mit der betroffenen Nationalität erfolgt, 2. daß für die Eintragung ins Nationalregister das reine Bekenntnisprinzip maßgebend sein soll und 3. daß der Staat die Selbstverwaltungskörperschaften mit finanziellen Mitteln in demselben Maße unterstützen muß, wie er das Kulturleben des Mehrheitsvolkes finanziert. Eine weitere Entschließung dieses Kongresses befaßt sich mit der Forderung der absoluten wirtschaftlichen Gleichberechtigung der Nationalitäten im Staat und zählt die hauptsächlichsten Methoden der Beeinträchtigung dieser Gleichberechtigung auf. Zur Sicherung der wirtschaftlichen Gleichberechtigung empfiehlt der Kongreß die Schaffung genau detaillierter Normen in allen wirtschaftlichen Vorschriften des Staates, eine angemessene Beteiligung der Nationalitäten in der Leitung staatlicher und offizieller ökonomischer Körperschaften und Unternehmungen und den Ausbau eines wirtschaftlichen Rechtsschutzes.

Weiter fordert der Kongreß die Sicherung der Staatsbürgerrechte und regt eine Lösung der Frage der sog. Staatenlosen (hauptsächlich ehemalige Staatsangehörige Österreich-Ungarns und Rußland, die infolge mannigfaltiger Schwierigkeiten bei der Auflösung der beiden Kaiserreiche überhaupt keine Staatsangehörigkeit mehr haben) in der Richtung an, daß jeder Mensch das Recht auf eine Staatsangehörigkeit haben soll.

Zur Frage der Ausübung des Wahlrechts wird für die Nationalitäten freie Wahl und Beseitigung der Taktik der Wahlkreisgeometrie gefordert, bezüglich der Sprachenfrage wird weitgehendste Freiheit im Gebrauch der Muttersprache, besonders in den Schulen und auf religiösem Gebiete gefordert. Beim Verkehr mit staatlichen Behörden sollen die weitgehendsten Erleichterungen für den Gebrauch der Muttersprache geschaffen werden.

---

[1]) Siehe Sitzungsbericht des 2. Kongresses, Genf 1926.

Bezüglich der Schlichtung von Streitigkeiten zwischen nationalen Gruppen und Staaten schlägt der Kongreß zunächst den Versuch einer Einigung innerhalb des Staates vor. Erst als zweite Instanz soll der Völkerbund in Wirksamkeit treten. Der Kongreß weist auf die Mangelhaftigkeit des gegenwärtigen Minderheitenverfahrens vor dem Völkerbund hin und fordert seinen Ausbau zu einem bilateralen Prozeßverfahren, an dem sich die Minderheit auch selbst beteiligen kann.

Der Kongreß fordert, daß ein Verzicht, der von einer Minderheitengruppe auf ihre Minderheitenrechte ausgesprochen wird, als null und nichtig angesehen wird und daß die Minderheitenrechte als unverzichtbare Rechte zu gelten haben. Der Versuch eines Staates, einen solchen Verzicht zu erlangen, müsse sich als unmoralisch von selbst richten.

Abschließend setzt der Kongreß zur Vorbereitung des 3. Kongresses ein vorbereitendes Komitee, der Generalsekretär des Kongresses (auf allen Kongressen Dr. Ammende) wird beauftragt, ein Bulletin des Kongresses mit laufenden Orientierungen über die Nationalitätenfrage herauszugeben, eine Untersuchung über Zahl und Lage der europäischen Minderheiten wird angeordnet.[1])

Der 3. Kongreß trat 1927 zusammen.[2]) Er stellt zur Frage „Staatssouveränität und Minderheitenschutz“ fest, daß sich die Errichtung öffentlich-rechtlicher Selbstverwaltungen für die Erfüllung der Kulturaufgaben der Minderheiten und die Klagbarmachung dieses Nationalitätenrechts sich im völligen Einklang mit der Souveränität der im Völkerbund vereinigten Staaten befindet. Der Kongreß weist auf den völlig unzureichenden Stand des Minderheitenverfahrens vor dem Völkerbund hin und legt dem Bund dringend nahe, Schritte zur tatsächlichen Verwirklichung der vertragsmäßigen Minderheitenrechte zu ergreifen. In einer weiteren Entschließung stellt der Kongreß fest, daß innerhalb der letzten Jahre eine bedeutsame Verschlechterung der tatsächlichen Lage der Minderheiten vor sich gegangen ist. Der Kongreß macht auf die außerordentliche Gefährdung des europäischen Friedens durch die nationale Unduldsamkeit der unterdrückenden Mehrheitsvölker als eine der schwersten Kriegsgefahren aufmerksam. In einem Annex zu dieser Ent-

[1]) Die Mitteilungen des Generalsekretariats werden seither in unregelmäßiger Folge von der Geschäftsstelle in Wien herausgegeben.

[2]) Vgl. Drucksachen des 3. Kongresses, verteilt auf dem Kongreß, abgedruckt von der Minderheitenpresse aller beteiligten Gruppen.

schließung, der von der katalanischen Gruppe eingebracht und vom Kongreß angenommen wurde, wird insbesondere über die Lage der Minderheiten in den vertragsfreien Staaten ernstliche Klage geführt. Die Tatsache, daß solche Staaten sich der Entschließung der Völkerbundsversammlung von 1922 entzögen, mache die Umwandlung der moralischen Verpflichtung zum Minderheitenschutz in eine rechtliche dringend erforderlich. Dem Völkerbund wird nahegelegt, infolge der Kriegsgefahren, die aus der schlechten Behandlung von Minderheiten in Staaten, die nicht mehr dem Völkerbund angehören, entstehen, sich auch um das Schicksal dieser Minderheiten zu kümmern. Nochmals wird auf die unumgängliche Notwendigkeit der Reform des Minderheitenverfahrens aufmerksam gemacht.

An die Adresse der einzelnen nationalen Minderheitsgruppen richtet sich eine Entschließung, die diesen nahelegt, auf allen Gebieten des Kampfes um die Minderheitenforderungen in strengster Solidarität vorzugehen. Insbesondere wird ihnen vorgeschlagen, sich zwecks Vertretung in gesetzgebenden Körperschaften zu verbinden bzw. sich in ihnen zu verständigen und sich gegenseitig zu unterstützen. Bei der Vertretung von Minderheiteninteressen vor internationalen Körperschaften sollen die Minderheiten solidarisch auftreten. Die einzelnen Volksgemeinschaften sollen sich Organe schaffen, in denen sie entsprechend den Richtlinien des Kongresses ihre Forderungen formulieren.

Die Knebelung der Pressefreiheit der nationalen Minderheiten, wie sie in einigen Staaten erfolgt, wird vom Kongreß aufs Schärfste als eine Beeinträchtigung des wesentlichen Staatsbürgerrechts der freien Meinungsäußerung verurteilt. Die Minderheitenpresse soll die gleiche Behandlung genießen, wie die Presse des Mehrheitsvolkes.

Die Minderheitenpresse selbst soll in allen grundsächlichen Minderheitenforderungen solidarisch vorgehen und alles vermeiden, was die Arbeitsgemeinschaft der Minderheiten selbst irgendwie lockern könnte. Die Minderheitenjournalisten sollen sich in den einzelnen Staaten zusammenschließen.

Der 4. Nationalitätenkongreß (August 1928 in Genf) kritisiert eingehend die Unzulänglichkeit des Völkerbundsverfahrens in Minderheitensachen, stellt nochmals die Notwendigkeit der Zusammenarbeit der konnationalen Gruppen über die Staatsgrenzen hinaus fest, begründet die Notwendigkeit der Mitarbeit in internationalen Organisationen und regelt interne Organisationsfragen der europäischen Nationalitätenbewegung.

c) *Die Auswirkungen der Arbeit der Nationalitätenkongresse.* Die Arbeit der europäischen Nationalitätenkongresse ist nicht wirkungslos geblieben. Zunächst hat sie eine Arbeitsgemeinschaft der europäischen Minderheitengruppen geschaffen, der die überwiegende Mehrzahl aller dieser Gruppen angehört. Die Zusammenarbeit aller Gruppen hat bereits für manche Gruppen reiche Früchte getragen. Auf Grund der Einigung auf dem Kongreß haben die Minderheiten innerhalb verschiedener Staaten (z. B. in Polen) ihre Wahllisten blockiert und sind so zu erheblich höheren Mandatszahlen für die Vertretung in den gesetzgebenden Körperschaften gelangt. Teilweise haben sie gemeinsame Organe herausgegeben, in denen sie solidarisch ihre Forderungen an die Staatsleitung vertreten. So ist innerhalb der Staaten das Gewicht der nationalen Minderheitsgruppen erheblich gewachsen.

Auch über die Grenzen einzelner Staaten hinaus ist durch diesen Zusammenschluß von über 40 Millionen Menschen die Bedeutung der Nationalitätenfrage stärker ins Bewußtsein der öffentlichen Meinung eingedrungen. Eine des Hauptaufgaben der Nationalitäten, die neuen Gedanken des Nationalitätenrechts und damit der neuen Regelung der Völkerbeziehungen überhaupt über die ganze europäische Menschheit, auch über die Staatsvölker zu verbreiten, ist durch diesen Zusammenschluß eigentlich überhaupt erst möglich geworden. Was die einzelne Gruppe niemals vermocht hätte, das vermag hier der Zusammenschluß der verschiedensten Nationalitäten mit dem Ziel der Durchsetzung eines großen neuen Rechtsprinzips. Diese allmähliche Auflockerung der im Gedankenkreis des omnipotenten Staates erstarrten Mehrheitsvölker ist oft nur schwer nachzuweisen. Sie kommt aber doch in verschiedenen Anzeichen lebhaft zum Ausdruck. Die Behandlung der Nationalitätenkongresse in der europäischen Presse nimmt von Jahr zu Jahr zu. Die Entschließungen der Kongresse werden mehr und mehr als sachliche Verhandlungsgrundlage für die Reform des Nationalitätenrechts genannt und die Gedankengänge der Kongresse haben in den Verhandlungen der interparlamentarischen Union und insbesondere in den Verhandlungen des Weltverbandes der Union der Völkerbundsligen feste Wurzeln gefaßt.

So hat die Minderheitenkommission des Weltverbandes der Völkerbundsligen eine der Grundforderungen der Kongresse, sachliche Aussprachen zwischen Vertretern der Staatsvölker und der

Minderheitsvölker einzurichten, ausgeführt und vollzieht eine immer größere Annäherung an die programmatischen Forderungen des Kongresses. Diese Annäherung kam auch auf dem Kongreß von Sofia (1927) und noch mehr auf dem Kongreß im Haag (1928) zum Ausdruck.

Ein wesentliches Aufgabengebiet der Minderheitenführer, das sich infolge der gewonnenen Solidarität eröffnet, ist die Einwirkung auf die innerstaatliche Nationalitätenrechtssetzung. Hier ist die Möglichkeit angedeutet worden, daß die Führer der Nationalitätengruppen auf die Teile ihrer Volksgemeinschaft, die in einem anderen Staat die Mehrheit bilden, einwirken, daß diese Mehrheitsgemeinschaften in den von ihnen beherrschten Staaten eine den Forderungen des Kongresses entsprechende Gesetzgebung einführen.

Zusammenfassend: Es ergibt sich aus der die Kultur der einzelnen Völker erhaltenden, aber durch die gemeinsame Herausbildung der Prinzipien der neuen Gestaltung Europas völkerverbindenden Tätigkeit der europäischen Nationalitätenkongresse eine Fülle von Zukunftsmöglichkeiten. Es ergibt sich daraus, wenn die Staaten sich dieser neuen Bewegung nicht in Erstarrung in überaltertem Denken verschließen, die Möglichkeit, die Neugestaltung des Verhältnisses zwischen Staaten und Völkern in Europa in evolutionärer Form zu vollziehen. Wird auf diese neue Bewegung jedoch nicht gehört, so dürfte auf die Dauer die revolutionäre Gestaltung, von der allerdings fraglich ist, ob an ihrem Ende nicht der Zusammenbruch Gesamteuropas stehen würde, kaum zu umgehen sein. Es ist das Verdienst des Kongresses, die europäische Menschheit vor eine ganz klare Wahl gestellt zu haben:

Er hat als Rechtsgedanken die ideelle Freiheit und die materielle Gleichberechtigung aufgestellt.

Die europäischen Staatsvölker haben zu entscheiden, ob sie gewillt sind, ihre Politik zur Funktion dieses Rechtsgedankens zu machen und damit den Frieden zu erhalten

oder ob sie

ihre Politik weiter als Funktion eines der Entwicklung des Rechtsbewußtseins nicht mehr entsprechenden tatsächlichen Rechtszustandes, der dem Rechtsgedanken zuwiderläuft, ausführen wollen und damit die Lösung der großen europäischen Fragen unmöglich machen.

Nochmals: Die Wahl ist gestellt! Die Staaten Europas haben zu wählen!

7. Abteilung.

Einwirkung der Lösung der nationalen Frage auf die Entwicklung Europas.

Zu Beginn dieser Arbeit wurde betont, daß der europäische Friede und die wirklich stabile Sicherheit Europas nur erreicht werden kann, wenn die Erfüllung der folgenden Definition des Friedensbegriffes erreicht ist:

Friede = Funktion der Verwirklichung der größtmöglichen Gerechtigkeit.

Als die bedeutendsten Gefahren für den Frieden wurden eine psychologische und eine materielle, wirtschaftlich-soziale Spannung festgestellt.

Die psychologische Spannung beruht darauf, daß gewisse nationale Gemeinschaften eine seelische Not leiden, die mit den Handlungen einer anderen Gemeinschaft in direktem ursächlichen Zusammenhang steht.

Wird diese nationale Spannung durch die Anerkennung der Nationalitätenrechte, durch die Anerkennung der Machtausübung als Funktion des Rechtsgedankens der nationalkulturellen Freiheit und gesetzlichen Gleichberechtigung gelöst, so ist das psychologische Gleichgewicht unter den europäischen Völkern im wesentlichen hergestellt.

Die zweite Spannung, die zum Krieg führen kann, die wirtschaftliche, entsteht dadurch, daß der tatsächliche und fiktive Lebensraum, der der Gesamtheit der Staatsbürger verschiedener Staaten zu Gebote steht, dergestalt verschieden verteilt ist, daß einer materiellen Einengung der Gesamtheit der Staatsbürger des einen Staates, die Weite des tatsächlichen und fiktiven Lebensraumes der Gesamtheit der Staatsbürger des anderen Staates gegenübersteht. Mit anderen Worten:

Das Gegenüberstehen von Volksdruckgebieten und Volkssauggebieten übt einen starken Antrieb auf die Herstellung des biologischen Gleichgewichtszustandes zwischen beiden Gebieten aus.

Aus dem Volksdruckgebiet müssen Menschen oder Waren nach dem Volkssauggebiet exportiert werden. Der Export von Menschen vollzieht sich unter Umständen auf dem Weg gewaltsamer Landnahme, wenn der betreffende Staat sein Gebiet der Einwanderung und dem Warenimport verschließt.

Es wurde im Rahmen dieser Arbeit bereits dargelegt, daß die psychologische Gegeneinanderordnung der Völker die Herstellung des biologischen Gleichgewichtszustandes außergewöhnlich erschwert, da in dem Streben nach Autarkie und nach Einheitlichkeit im nationalen Bekenntnis der Staatsbürger die überstaatliche Arbeitsteilung — also der Ausgleich der fiktiven Lebensräume — und die europäische Binnenwanderung und -siedlung — d. h. der Ausgleich der tatsächlichen Lebensräume — gehindert wird.

Durch das Fortfallen der psychologischen Gegeneinanderordnung, also der Schaffung einer Atmosphäre gegenseitiger Achtung, werden aber nicht nur die Voraussetzungen für eine neue Kulturentwicklung der gesamten abendländischen Welt gefördert, sondern die psychologische Nebeneinanderordnung der Völker ergibt auch die Erleichterung des materiellen Ausgleichs zwischen den europäischen Staaten. Zum mindesten sind die Voraussetzungen dafür geschaffen, auf dem Verhandlungswege die durch die ehemalige psychologische Gegeneinanderordnung bedingten Sicherungsmaßnahmen wirtschaftlicher Art stufenweise abzubauen.

Der innerstaatliche Teil der wirtschaftlichen Frage, die soziale Spannung zwischen verschieden begüterten Klassen würde durch die Hebung der Gesamtverdienstmöglichkeiten ebenfalls vorteilhaft seiner Lösung näher gebracht.

Während also das psychologische Gleichgewicht Europas durch die Lösung der nationalen Frage unmittelbar hergestellt würde, so wäre durch diese Lösung die mittelbare Herstellung des biologischen Gleichgewichtszustandes des Kontinents ebenfalls in greifbare Nähe gerückt.

Die Lösung beider Probleme zusammen schaltet jedoch die beiden Gründe, um die Krieg geführt wird, seelische und materielle Not infolge ethischer Unbilligkeiten (Unduldsamkeit und Wirtschaftsimperialismus) mit ihren gegenwärtigen Ursachen aus. Der Erfolg dieser Ausschaltung wäre die Sicherheit Europas.

Diese Sicherheit erst wird die Grundlage zur Lösung des Problems der Abrüstung sein, das sich heute der Völkerbund zu lösen bemüht, ohne sich um seine psychologische Voraussetzung, die Sicherheit wirksam zu bekümmern, die durch Erstarrung der Diplomatie in den Formen vertragsrechtlicher Konservierung bestehen der Zustände täglich vermindert, statt vermehrt wird. Die Lösung des Abrüstungsproblems wird dem Völkerbund, der die nationale Frage löst, als letzte Konsequenz dieser Lösung von selbst zufallen.

Fährt aber die europäische Politik in ihrem heutigen Kurs fort, so wird das Leiden die mehr als 40 Millionen Unterdrückten, zu denen in letzter Konsequenz alle Unzufriedenen im Staate — ob als wertvolle oder als wertlose — jedenfalls aber als tatsächliche Unterstützung stoßen werden, vereint mit den heute noch evolutionären Geistern innerhalb der Staatsvölker auf den Weg des revolutionären Umsturzes der heutigen europäischen Ordnung als letzten Ausweg zur Befreiung aus einer machtdiktierten geistigen und materiellen Enge drängen. Und diesem Europa, das dem nationalrevolutionären Ziel der Erfüllung der Sehnsucht nach dem Reich der Freiheit und Gerechtigkeit, entgegenstrebt und mit bewaffneter Faust an die Tore der Staatsgefängnisse pocht, wird das Europa der omnipotenten Staaten nichts entgegenzusetzen haben als Bajonette, die sich als geistlose Phalanx um die alternden Scheinideale der machterzwungenen Herrschaft und des Herrschaftswillens aus Habsucht und Haß formieren. Aber mit Bajonetten kann man wohl vorübergehende Siege erfechten, nicht aber darauf sitzen.

Fraglich ist es, ob am Ende dieser Etappe des Kampfes, der als heiliger Krieg von der einen, als Verteidigung unrechter Herrschaft von der anderen Seite geführt wird, der Sieg der ideellen stehen wird oder ob nicht vielmehr die Kräfte sich aufreiben werden, um in der Europadämmerung zu enden, die unverbrauchteren Völkern das Erbe Europas in den Schoß wirft.

Aufgabe aller Völker, besonders des deutschen, das in seinem tiefsten Innern noch seelische Kräfte genug hat, um zwischen Form und Inhalt des Rechts zu unterscheiden, um zu erkennen, daß das formale Recht Ausdruck der Erkenntnisse des lebendigen Rechtsgedankens sein muß, ist es, den evolutionären Kräften die Möglichkeit der Gestaltung offen zu halten und damit eine neue Periode der europäischen Geschichte einzuleiten.

Das deutsche Staatsvolk vor allen anderen muß die Berufung in sich fühlen, sich der Erkenntnis und dem Ziel der unterdrückten Völker anzuschließen, daß nur durch das eigene Volkstum der Weg zur Menschheit und der Weg zu Gott führt. Denn arm an Gut, wehrlos an Waffen ist das deutsche Volk — genau so, wie es die kämpfenden Minderheitsvölker Europas sind. Deshalb werden die freien Gedanken, die in Leid und Not gereift sind, auch die seinen sein. Gemeinsam mit den Unterdrückten muß und wird es nach schicksalsmäßiger Bestimmung die geistigen Fundamente der Zukunft, des neuen Rechts der Völker und Staaten legen und mit der Gestaltung der Fundamente zum fertigen Bau wird, wie für alle anderen Völker, auch für das deutsche eine Heimstätte des Friedens errichtet sein.

Diese Heimstätte wird dann bestehen, wenn auch sie nicht als letztes erreichbares Ziel betrachtet und nicht mit Zwang gefestigt wird, sondern wenn vom Blickpunkt der vollendeten neuen Rechtsgestaltung aus der Weg, der zu ihr führte, erkannt und weitergegangen wird. Dieser Weg ist durch den Grundsatz gekennzeichnet:

Macht ist Dienst an der Verwirklichung des lebenden Rechts.

Quellenangabe.

Das **Material**, das zu der Arbeit verwendet wurde, entstammt den verschiedensten Quellen, von denen aus mannigfaltigen Gründen nicht alle namhaft gemacht werden können. Zum nahezu größten Teil stammen die der Arbeit zugrunde liegenden Informationen aus den Kreisen der europäischen Nationalitätenführer und europäischer Minderheitenpolitiker der Mehrheitsvölker. Die Ansichten dieser Persönlichkeiten konnte ich auf verschiedenen internationalen Kongressen, teils in den Sitzungen der Plenarversammlungen, teils in Ausschußsitzungen, teils in persönlicher Aussprache kennen lernen. In den letzteren beiden Fällen können die Informationen meist nur zur allgemeinen Urteilsbildung ohne Quellenangabe verwendet werden. Vielfach verbietet sich eine Nennung der Quelle auch aus dem Grunde, daß den Urhebern der Nachrichten daraus erhebliche persönliche Nachteile durch Repressalien seitens der Mehrheitsstaaten entstehen könnten.

Die besuchten Kongresse, deren Material in der Arbeit verwertet wurde, sind folgende:

Kongreß der Union der Völkerbundsligen (Berlin 1927),
Kongreß der organisierten nationalen Gruppen in den Staaten Europas (Genf 1927),
Kongreß des Generalrates der Union der Völkerbundsligen nebst Tagung ihrer Minderheitenkommission (Sofia 1927),
Studienreise durch die mazedonischen Emigrantenlager Südbulgariens (1927),
Kongreß der Union der Völkerbundsligen im Haag (1928),
Kongreß der organisierten nationalen Gruppen in den Staaten Europas (Genf 1928).

Die Zusammenstellung und Würdigung des Materials erfolgte auf Grund der Berichte, die ich über diese Tagungen für die „Münchner Neuesten Nachrichten“ und die „Völkerbundsfragen“ geschrieben habe, aus persönlichen Aufzeichnungen und aus verteilten Mitteilungen an die Vertreter auf den Kongressen.

Weiterhin habe ich als Material die bisher über 100 Vorträgen verwendet, die im Rahmen der Veranstaltungen des von mir geleiteten Akademischen Arbeitsausschusses für Deutschen Aufbau in der Münchener Universität gehalten wurden, soweit sich ihr Inhalt mit der nationalen Frage befaßte oder wichtige Rückschlüsse darauf zuließ.

Endlich konnte als Material eine überaus zahlreiche Literatur an Büchern, Denkschriften, Zeitschriften und Zeitungen herangezogen werden. Über die Bücher und Zeitschriften erfolgt Dokumentation, während das bezüglich der meisten Denkschriften, die der Öffentlichkeit nicht zugänglich sind und der Zeitungsartikel, die teilweise nicht einzeln nachweisbar sind, nicht möglich ist.

Eine eingehendere Zitierung des Materials ist vor allem bei den verwendeten Gesetzes- und Vertragstexten möglich gewesen. Die übrige Literatur eingehender zu behandeln, war wegen des Platzmangels und der Notwendigkeit der Beschränkung der Arbeit auf einen bestimmten Raum nicht möglich.

Literaturverzeichnis.

1. Gesetzessammlungen und Dokumente.

Herbert Kraus, Das Recht der Minderheiten (Berlin 1927).

Franz Bordihn, Das positive Recht der nationalen Minderheiten (Berlin 1921).

Rühlmann-Junckersdorff, Das Schulrecht der deutschen Minderheiten (Breslau 1926).

Fenner-Loesch, Die neuen Agrargesetze der ost- und südosteuropäischen Staaten (mit Fortsetzungen) (Berlin 1923).

Estländische Druckerei, Gesetze und Verordnungen über die Kulturselbstverwaltung (Reval 1926).

Kerschensteiner, Italienische Gesetze in Südtirol (Anlage der Denkschrift der drei bayer. Universitäten, München 1926).

Sitzungsbericht der Konferenzen der organisierten nationalen Gruppen in den Staaten Europas in den Jahren 1925, 1926, 1927 und 1928 zu Genf.

Mitteilungen der Geschäftsstelle des europäischen Nationalitätenkongresses (Wien, Herausgabe in unregelmäßigen Abständen, nicht im Druck!).

„Journal officiel" des Völkerbundes.

Bulletins der „Union internationale des Associations pour la Société des Nations" (Brüssel).

Sitzungsberichte des Deutschen Schutzbundes.

Helmer Rosting, „Protection des Minorités par la Société des Nations" (nicht im Druck! Denkschrift der Minderheitensektion des Generalsekretariats des Völkerbundes).

E. C., La Société des Nations et le problème des Minorités (Nicht im Druck! Denkschrift der gleichen Sektion. Verfasser E. C. dürfte der Abteilungsleiter Eric Colban sein).

Dokumentensammlungen der Zeitschrift „Der Südtiroler" (Innsbruck).

Zusammenstellung von Protokollen und Berichten über den dritten polnischen Aufstand im oberschlesischen Abstimmungsgebiet. (Nicht in der Öffentlichkeit!)

„La situation dans le Tirol Méridional de 1918 à 1927." Mémoire, redigé par les leaders des parties politiques du Tirol du Sud. (Als Manuskript gedruckt, dem Weltverband der Völkerbundsligen vorgelegt.)

Berichte Sir Willoughby Dickinsons und Sir Walter Napiers über die Lage der deutschen Minderheit in Süstirol.

„La Minorité Jougoslave en Italie." Mémoire présenté a la Commission des Minorités par l'Association Jougoslave pour la S. D. N.

Mémoire sur la Situation actuelle de la Minorité bulgare en Jougoslavie et en Grèce (Sofia 1928).

La Situation des Ukrainiens en Pologne. (Denkschrift der ukrainischen Minderheit, nicht gedruckt!)

Meiner, Deutscher Geschichtskalender (Leipzig).

Zahlreiche andere Dokumente und Gesetzestexte finden sich in den angegebenen Zeitschriften. Andere können nicht angegeben werden.

2. *Zeitschriften.*

„Nation und Staat", Zeitschrift der deutschen Minderheitengruppen, herausgegeben von Jakob Bleyer, Rudolf Brandsch, Paul Schiemann, Johannes Schmidt-Wodder (Wien, seit 1927).

„Natio", Zeitschrift der Minderheiten in Polen, viersprachig (Warschau).

„Glasul Minoritatilor" (Die Stimme der Minderheiten), Zeitschrift der ungarischen Minderheiten, Herausgeber: Dr. Elemer Jakabffy (Lugoj, Rumänien).

„Kulturwehr", Zeitschrift des Verbandes der nationalen Minderheiten Deutschlands, Herausgeber: Graf Stanislaus v. Sierakowski (Berlin).

„Les Minorités Nationales", Bulletin publié par l'Union Internationale des Associations pour la Société des Nations.

„Völkerbundsfragen", Organ der Deutschen Liga für Völkerbund (Berlin).

„Der Auslanddeutsche", Halbmonatsschrift für Auslanddeutschtum und Auslandkunde (Stuttgart).

„Der Weg zur Freiheit", Halbmonatsschrift des Arbeitsausschusses Deutscher Verbände (Berlin).

„Volk und Reich" (Berlin).

„Deutsche Rundschau" (Berlin).

„La Revue de Paris" (Paris).

„Alpenzeitung", Organ des faszistischen Kommissariats zu Bozen (Bozen).

3. *Bücher.*

K. C. von Loesch, „Volk unter Völkern" (Breslau 1925). Sammelwerk des Deutschen Schutzbundes.

K. C. von Loesch, „Staat und Volkstum" (Berlin 1926). Sammelwerk des Deutschen Schutzbundes.

Max Hildebert Böhm, „Europa Irredenta" (Berlin 1923).

Fr. Wertheimer, „Deutschland, die Minderheiten und der Völkerbund" (Berlin 1926).

Jan Auerhan, „Die sprachlichen Minderheiten in Europa" (Deutsch: Berlin 1926).

Joseph L. Kunz, „Die völkerrechtliche Option" (Breslau 1928).

Elijahu Ben-Zion Sadinsky, „Die nationale Sozietät".

Eduard Benesch, „Der Aufstand der Nationen" (Deutsch: Berlin 1928).

Th. Gentrup, „Nationale Minderheiten und katholische Kirche" (Breslau 1927).

Deutsche Liga für Völkerbund, „Deutschland und der Völkerbund", Sammelwerk (Berlin 1925).

K. C. von Loesch, „Taschenbuch des Grenz- und Auslanddeutschtums" (Berlin seit 1927 in Fortsetzungen).

Paul Rohrbach, „Deutschtum in Not" (München 1927).

Hans Nawiasky, „Das Grenz- und Auslanddeutschtum". Vorträge der Akademischen Ortsgruppe München des Vereins für das Deutschtum im Ausland (München).

Fr. Wertheimer, „Von deutschen Parteien im Ausland" (Berlin 1927).
Hugo Grothe, „Grundfragen und Tatsachen zur Kunde des Grenz- und Auslanddeutschtums".
Reichszentrale für Heimatdienst, „Der Kampf um die deutschen Grenzen" (Berlin 1925).
Schmidt-Boelitz, „Aus deutscher Bildungsarbeit im Ausland" (Langensalza 1927).
Polonicus (Pseudonym), „Die Deutschen unter polnischer Herrschaft" (Berlin 1927).
Johann Fürst, „Der Widersinn des polnischen Korridors" (Berlin 1927).
Sigismond Stolinski, „Les Allemands en Pologne" (Warschau 1927).
Sudetendeutsches Jahrbuch 1927.
J. K. Hennersdorf, „Südtirol unter italienischer Herrschaft" (Charlottenburg 1926).
Hans Voltelini, Alfred Verdroß, Wilhelm Winkler, „Deutschsüdtirol".
Paul Herre, „Die Südtiroler Frage" (München 1926).
Max Hildebert Böhm, „Die deutschen Grenzlande" (Berlin 1925).
W. Volz, „Der ostdeutsche Volksboden" (Breslau 1925).
W. Volz, „Der westdeutsche Volksboden" (Breslau 1926).
Rogge, „Die Verfassung des Memelgebiets" (Berlin 1928).
Hanns Kuffner, „Unser Staat und der Weltfriede" (Deutsch: Wien 1922).
Ernst Marburg, „Der rumänisch-ungarische Optantenstreit vor dem gemischten Schiedsgericht und dem Völkerbund" (Leipzig 1928).
Boleslaw Tachauer, „Die makedonische Frage in ihrer gegenwärtigen Phase" (Sofia 1928).
G. Baschdaroff, „Die makedonische Frage" (Wien 1925).
Gustav Weigand, „Ethnographie von Mazedonien" (Leipzig 1924).
Georg Dwelshauvers, „La Catalogne et le problème Catalan" (Paris 1926).
Deutsches Auswärtiges Amt, „Die große Politik der europäischen Kabinette 1871—1914" (vollendet 1926).
Friedrich Stieve, „Deutschland und Europa 1890—1914" (Berlin 1926).
Bernhard Schwertfeger, „Die Akten des Auswärtigen Amts 1871—1914" (Berlin 1927).
Ferdinand Avenarius, „Die Mache im Weltwahn".
Harry Elmer Barnes, „Die Entstehung des Weltkrieges" (Deutsch: Berlin 1928).
Hermann Stegemann, „Das Trugbild von Versailles" (Stuttgart 1926).
C. Bergmann, „Der Weg der Reparationen" (Frankfurt 1926).
Alcide Ebray, „Der unsaubere Frieden" (Deutsch: Berlin 1927).
J. M. Keynes, „Die wirtschaftlichen Folgen des Friedensvertrages" (München 1920).
J. M. Keynes, „Revision des Friedensvertrages" (München 1922).
Francisco Nitti, „Niedergang Europas" (Frankfurt). „Das friedlose Europa" (Frankfurt). „Die Tragödie Europas und Amerika?"

www.ingramcontent.com/pod-product-compliance
Lightning Source LLC
LaVergne TN
LVHW042245300926
849161LV00003B/468